TOURISME EN PÉRIL

Redonner à la France la capacité de séduire

www.editions-jclattes.fr

Jérôme Tourbier

TOURISME EN PÉRIL

Redonner à la France la capacité de séduire

JC Lattès

Maquette de couverture : Atelier Didier Thimonier

ISBN : 978-2-7096-5051-9

Sommaire

1.

La soupe à la grimace

C'était au Brésil, à Sao Paulo, durant l'hiver 2014. Accompagnés de Jean-Philippe Pérol, le coordinateur d'Atout France[1] pour la zone Amériques, nous venions de quitter l'hôtel en voiture blindée, sécurité oblige. Je n'étais pas vraiment surpris, connaissant la réputation de cette ville où les vols à main armée, voire les kidnappings et les demandes de rançon sont un sport local. Je le fus un peu plus en arrivant à destination : une tour transformée en blockhaus, protégée par des hommes en armes jusque dans les

---

1. *Agence de développement touristique de la France. Atout France accompagne les offices du tourisme des grandes villes, les comités régionaux et départementaux du tourisme ainsi que plus de 800 entreprises privées dans leurs opérations de marketing ou de promotion en France et à l'étranger. Plus de 2 000 opérations de promotions sont mises en place chaque année.*

couloirs et où l'on ne pouvait pénétrer qu'après avoir traversé des sas et franchi des portiques de détection comme on en trouve dans les prisons. Non, je n'avais pas rendez-vous avec un ministre ou le patron d'une multinationale menacé par des gangs, mais avec la responsable d'une agence de voyages. Bienvenue au pays des Cariocas !

Comme je le fais plusieurs fois par an, j'étais venu vanter les mérites de la France, de Paris, et l'excellence des services que nous proposons dans nos hôtels. On ne remplit pas les chambres d'un établissement haut de gamme d'un simple coup de baguette magique. Il faut aller sur le terrain, laisser tomber son costume de patron et enfiler celui de VRP de luxe avec pour mission de convaincre les agences de voyage que leurs clients seront traités comme des rois.

Mais ce jour-là, je n'avais pas prévu la réponse de la patronne brésilienne : « Paris, non, ce n'est pas possible. Plus assez sûr. On ne peut pas se promener en toute sécurité dans les rues. Je ne veux pas que mes clients soient agressés et volés… » Et c'est elle qui me dit ça, retranchée dans son bunker au beau milieu de l'une des villes les plus criminogènes du monde ! J'ai été pris de court. Avec une grande violence les attentats de 2015 ont donné un retentissement encore plus fort à ces craintes. La peur n'est désormais plus d'être agressé ou volé mais plus tragiquement de perdre la vie.

La répercussion sur le Tourisme a été immédiate et brutale. Les annulations ont été cinglantes et l'activité a enregistré une baisse de 50 % dès le samedi 14 novembre. Ces événements tragiques font désormais partie d'une conscience collective internationale. Il faudra souhaiter que Paris se redresse comme Madrid et Londres ont pu le faire après les tragédies de 2004 et 2005.

J'étais venu lui proposer notre établissement Les Étangs de Corot que nous avons repris en 2009, à Ville-d'Avray, un îlot de campagne à sept kilomètres du périphérique, entre Versailles et Paris. J'ai vite renoncé à lui démontrer que notre belle capitale était une destination incontournable. Elle n'en démordait pas. Elle avait « lu la presse, surfé sur le net ». Elle refusait de prendre le risque de voir ses clients importunés en sortant des boutiques de luxe comme ils pouvaient l'être ici, à Sao Paulo, et préférait les envoyer à Dubaï. Les Émirats arabes unis plutôt que Paris ! L'idée m'est venue de lui proposer Bordeaux, ses « boutiques de luxe », son centre-ville classé au patrimoine mondial de l'Unesco et ses rues piétonnes vierges de toute délinquance. Je lui vantai Les Sources de Caudalie, à Martillac, où nous avons fait nos armes, à une vingtaine de kilomètres de Bordeaux, au milieu des vignes et des grands crus. Ça a marché. Je suis reparti avec la promesse de clients à venir. Rassuré ? Pas tout à fait, car je découvrais l'image dégradée que cette femme avait de la France. Qu'est-ce qui clochait ? Comment en était-on arrivé là ? Comment la première destination touristique au monde en était venue… à faire peur ?

Cela aurait pu être une expérience unique et cette vision négative de notre pays n'être que celle du Brésil, à tout le moins d'une Brésilienne. Mais quelques semaines plus tard, je devais être confronté au même problème. À Hong Kong, cette fois, où le directeur d'une agence de voyage, dans un anglais parfait, s'inquiétait « du trop grand nombre de *gypsies* détroussant les touristes asiatiques au pied de la tour Eiffel ». Puis il m'avait servi l'histoire de ces vingt-trois touristes chinois qui s'étaient fait agresser et frapper à leur sortie d'un restaurant du Bourget par des inconnus, repartis avec le sac du responsable du groupe contenant tous les passeports et une somme de 7 500 euros en liquide.

Les faits s'étaient effectivement déroulés au mois de mars 2013. Ils avaient été relayés sur Internet avant de se retrouver en une des médias chinois. Dans la foulée, l'Association chinoise du tourisme, organisme rattaché au gouvernement, avait officiellement demandé aux autorités françaises d'assurer une « protection efficace » à ses ressortissants en visite en France. Pékin avait même proposé d'envoyer sur place mille cinq cents policiers pour les escorter !

Comme son homologue brésilienne, mon interlocuteur chinois était catégorique : « Ces agressions arrivent de plus en plus souvent. Paris a remplacé Rome dans notre classement des villes où il faut faire très attention. Reconnaissez qu'on est loin de l'image romantique que les touristes en général, et les Chinois en particulier, se font de Paris. Les guides avec lesquels je parle souvent me le disent : "Paris est une ville très dangereuse où il y a beaucoup de mendiants et de voleurs." Et bien sûr nos clients ont peur. » Comme à Sao Paulo, je me gardai d'argumenter et lui vantai Bordeaux et notre hôtel de Martillac.

Entre les salons et les voyages commerciaux, les *road shows,* comme on dit dans notre jargon, j'accomplis deux tours du monde par an. Pas moins. Notre objectif : vendre l'art de vivre à la française. On ne vend pas seulement un séjour ou une nuit d'hôtel, on offre une expérience. Et dans notre cas, c'est le vin qui en est la dimension culturelle. En France, il est interdit de communiquer sur l'alcool en général et donc le vin en particulier, mais au-delà de nos frontières, ce que le monde entier nous envie, ce sont bien notre art de vivre et notre gastronomie. Il y a là quelque chose de positif et de rassurant : quels que soient les continents, les gens restent attachés à l'image de la France. Quand on parle de notre activité aux agents de voyage, qu'ils soient Américains, Chinois ou Brésiliens, on sent qu'ils aiment notre pays passionnément. Malgré tout. Même ceux qui sont déjà venus.

Néanmoins, c'est un fait, les choses se sont dégradées ainsi que j'ai pu le constater à Sao Paulo ou Hong Kong. L'insécurité réelle ou supposée dont souffre notre pays n'est pas le seul de ses maux. Bien d'autres s'y ajoutent, dont l'économie du tourisme pâtit directement, que j'ai voulu recenser dans ce livre.

Un tropisme français

On dit qu'un Français est un Italien de mauvaise humeur. Qui oserait affirmer le contraire? Notre réputation désormais bien établie de mauvais coucheurs, de grincheux ataviques, de revêches et de renfrognés pathologiques est proverbiale. Nous-mêmes, touristes français en France, combien de fois en avons-nous fait l'amère expérience? Combien de fois sommes-nous tombés sur un serveur acariâtre à qui on ose à peine demander un verre d'eau ou un sucre pour son café de peur d'être rabroué? Certes, tout cela ne date pas d'hier. Je me souviens d'une anecdote que raconte Jean Raspail dans son livre *En canot sur les chemins d'eau du roi*[1]. Parti, en 1949, avec trois compagnons sur les traces des premiers explorateurs français du Saint-Laurent à La Nouvelle-Orléans, il ne devait conserver qu'un seul mauvais souvenir de ce périple de sept mois aux États-Unis, celui de cet

---

1. *Éditions Albin Michel, 2005.*

homme rencontré lors d'un bivouac qui leur fit payer un maigre repas alors qu'ils n'avaient pas un sou. Cet homme était Français, qui plus est peu amène. Il fut le seul à se comporter de la sorte quand les Québécois ou les Américains furent au contraire accueillants et généreux.

Les années se suivent et se ressemblent si l'on prend comme baromètre les études et les sondages qui, régulièrement, viennent nous rappeler que l'image des Français n'évolue pas. Il y a l'embarras du choix. Commençons par cette étude sur le quotidien des expatriés vivant dans l'Hexagone parue en septembre 2014[1]. Que dit-elle ? Qu'une majorité de ces expatriés trouvent les Français « arrogants » et « pas généreux ». Sans entrer dans le détail, sachez que le portrait type de l'« impatrié », ainsi désigné dans cette étude, est un cadre âgé de plus de 40 ans, le plus souvent employé dans une société française, marié et résidant en France avec sa famille depuis trois ans ou plus, et qui vivait auparavant dans un autre pays européen. Rassurons-nous, l'étude indique que les trois quarts des salariés ou dirigeants étrangers interrogés assurent être « satisfaits » ou « plutôt satisfaits » de leur quotidien hexagonal. Ils n'en restent pas moins sévères quand il s'agit de décrire notre comportement : huit

---

1. *Réalisée par Paris21.tv, en partenariat avec la Société de banque et d'expansion et de Paris développement.*

sondés sur dix nous jugent « arrogants, peu conviviaux et pas généreux ». Si les relations sont donc qualifiées de « médiocres », les « impatriés » affirment cependant que les Français sont de « bons vivants ». Nous voilà rassurés…

Un autre sondage ? Celui-ci publié par le magazine *Forbes* nous accable encore un peu plus[1]. Selon cette enquête en ligne, la France est le pays du monde le plus « désagréable » avec les touristes pour 19 % des personnes interrogées. Et le magazine d'ajouter que les Français « sont connus, aux yeux de beaucoup de leurs voisins européens, pour leur nature abrupte et cassante, particulièrement vis-à-vis des touristes étrangers ». Pour information, sachez que la Grande-Bretagne se retrouve à la troisième place à un peu plus de 10 %, juste derrière les Russes (près de 17 %), puis les Allemands (10 %) et les Américains, classés à la septième place (plus de 3 %). Les moins désagréables sont les Brésiliens (0,08 %). Je ne peux résister à l'envie de soumettre le point de vue du journaliste spécialiste du tourisme au sein de ce même magazine, Andrew Bender, qui tempère fort justement les effets ravageurs que ce genre de sondage peut avoir sur notre image en dissuadant les touristes de séjourner trop longtemps sur notre

---

1. *Réalisé en 2012 par Skyscanner, un moteur de recherche spécialisé dans les voyages.*

sol : « J'ai toujours trouvé les Parisiens aussi désagréables les uns envers les autres qu'envers les étrangers, écrit Andrew Bender[1]. En dehors de Paris – et même à l'intérieur – les gens peuvent se montrer aussi charmants qu'ailleurs. »

De son côté, le célèbre *Time*, qui reprend ce même sondage, estime qu'« étant donnée sa réputation un petit peu dédaigneuse, il n'est pas surprenant de voir la France arriver première et que les Français aient été élus nationalité la plus désagréable. Cela paraît un stéréotype très répandu, même s'il n'est pas forcément vrai ». Pas forcément vrai, effectivement. Mais les préjugés ont la vie dure. Et c'est un très mauvais point pour notre industrie du tourisme.

Difficile également de ne pas citer le sondage du mois d'août 2014 effectué auprès de plusieurs milliers de lecteurs du prestigieux magazine *Condé Nast Traveller*[2] qui établit chaque année le palmarès des villes les plus antipathiques ou inamicales (« *unfriendly* ») du monde. Et donc les moins attractives. Pour ne pas apparaître trop désagréable, le magazine n'incrimine pas directement les habitants et précise que d'autres critères ont été pris en compte comme la barrière de

---

1. *Magazine* Forbes, *numéro du mois d'avril 2012.*

2. *Pour en savoir plus : http ://www.cntraveler.com/galleries/2014-08-05/the-2014-friendliest-and-unfriendliest-cities-in-the-world.*

la langue. Résultat? Trois villes françaises sont dans le top cinq, pas moins. Paris est en quatrième position. Arguments avancés : l'«impolitesse» et la «froideur» des Parisiens. «N'oubliez pas votre plan, car personne ne vous aidera», peut-on lire dans certains commentaires. Médaille d'argent de l'antipathie : la ville de Cannes dont les habitants seraient «décevants». Enfin, Marseille décroche la cinquième place. Il y aurait trop de pickpockets au pays de Pagnol et de la bouillabaisse. Mais l'honneur est sauf, si l'on peut dire, la palme d'or de l'inhospitalité revenant à Johannesburg, en Afrique du Sud, pour des raisons d'insécurité. Dernière précision : aucune ville française ne figure parmi les plus sympathiques du monde. À méditer.

Lors de la conférence annuelle de la chaîne hôtelière internationale Small Luxury Hotels of the world à New York en 2007, j'avais été particulièrement marqué par les propos d'un grand hôtelier américain qui était de loin mon aîné. Il m'avait dit : « Jérôme, si tu es capable de satisfaire des Français, tu pourras satisfaire toutes les nationalités ! Ils sont très exigeants mais peu enclins à payer le service. »

D'où vient ce tropisme français, cette tendance à être si peu chaleureux? Où et quand nous a-t-on appris à ne pas sourire, tant il est vrai que le sourire n'est pas seulement inné mais aussi culturel? Est-ce parce que nous sommes une vieille nation de paysans solitaires, recroquevillés sur eux-mêmes, habitués à courber l'échine vers une terre ingrate, plongés dans de longs soliloques intérieurs ? Peut-être… À moins qu'il ne faille aller chercher la source de ce mal français dans cette déclaration de Robespierre qui aurait profondément marqué notre « mémoire collective ». Si vous devez servir, conseillait le chantre de la Terreur, faites-le sans sourire, car le sourire est une marque d'asservissement ! Ce n'est évidemment pas avec ce genre d'instruction qu'on allait apprendre à un peuple à se comporter aimablement. « Avant d'être offert à l'autre, écrit la psychiatre Maryse Vaillant, le sourire est d'abord intérieur et trouve sa source en soi[1]. » Autrement dit, le sourire vient autant du cœur que de la raison. Et si les Français manquent de cœur – ce que je ne crois pas – qu'ils fassent appel à la raison, tout au moins ceux qui s'engagent dans un métier de service et plus particulièrement dans la restauration ou l'hôtellerie. Pour les en convaincre, qu'ils sachent que le sourire a des effets bénéfiques sur la santé. Selon des chercheurs américains, il déclencherait des modifications biochimiques dans le cerveau, libérant le stress et les tensions qui s'accumulent tout au long d'une journée. En effet, le mouvement des dix-sept

---

1. Une année singulière avec mon cancer du sein, *par Maryse Vaillant. Albin Michel, 2008.*

muscles nécessaires pour déclencher un sourire favoriserait la production d'endorphines plongeant notre cerveau dans un état de détente. En outre, on sait depuis longtemps que le sourire est communicatif. Je ne sais plus où j'ai lu qu'un sourire – sincère, cela va sans dire – peut provoquer jusqu'à cinq cents autres sourires dans une seule journée! Vrai ou faux, pourquoi s'en priver? Pourquoi ne pas tenter l'expérience? Il n'est pas question de faire des courbettes et de se vautrer dans l'obséquiosité. Non, il s'agit simplement de sourire et de se montrer accueillants.

Aurait-on perdu le sens de l'hospitalité? Pourtant, c'est ce que les clients «achètent». On ne tient pas notre promesse. Il y a une accumulation de frustrations qui finissent par faire naître un doute quant à la destination France. On en arrive à ce triste constat que le service au Mac Do du coin est meilleur qu'aux Deux Magots où le serveur attend que plusieurs tables soient occupées pour ne faire qu'un seul tour de terrasse, sans parler des cafés que l'on sert alors qu'ils sont déjà tirés ou du beurre gelé impossible à étaler sur une tartine! Et contrairement à ce qu'on pourrait croire, la situation en province n'est pas meilleure qu'à Paris. César Ritz parlait du «service de gentleman pour gentleman». On en est loin!

Le service prend tout son sens dans l'hôtellerie et la restauration mais peut – et doit – se développer dans n'importe quel commerce ou service public. Prenons exemple sur le Japon où le contrôle aux douanes se fait avec le sourire. À l'inverse, les voyageurs qui débarquent chez nous sont confrontés à deux postes ouverts et quatre fermés. De même, il est connu que les bagagistes s'amusent souvent à « punir les riches » en mettant les valises étiquetées « *Business* » en dernier sur le tapis roulant !

Qui n'a pas fait la difficile expérience de nos musées ? À la rentrée 2015, je me présente dans un musée parisien, plus précisément le musée Marmottan, à 17 heures un samedi. J'avais pris le soin de vérifier les horaires d'ouverture sur internet et il était bien indiqué 18 heures. Deux caisses sont là pour assurer l'entrée des visiteurs. La première étant déjà sollicitée, je me présente à la seconde où notre jeune interlocuteur comptait visiblement la recette de sa journée. Le premier me rappelle à l'ordre pour me dire qu'il faut faire la queue… Ambiance. Lorsque mon tour arrive, le jeune homme tente de me dissuader de prendre une entrée. « Nous fermons dans vingt-cinq minutes », m'assène-t-il. Je dois insister pour dire que je viens voir une salle en particulier et qu'il me semble avoir vu que la fermeture était à 18 heures. Je parviens enfin à payer mon entrée. Passons sur les personnes de la sécurité qui prennent plaisir à vous faire perdre du temps pour véritablement vous « punir » d'avoir osé occuper la dernière heure. J'étais entouré de visiteurs étrangers et la météo pluvieuse n'expliquait pas à elle seule ce climat déroutant. On ne se sentait pas les bienvenus dans un lieu qui accueille du public. Ma visite aurait été tellement différente avec un accueil bienveillant et professionnel !

Les Anglais parlent d'*hospitality*. C'est exactement ce qu'il nous manque, à nous Français : le sens de l'hospitalité. Que ce soit dans un hôtel ou un restaurant, dans la rue ou dans un taxi, un cinéma, un musée ou à une administration : partout ! Le luxe, aujourd'hui, c'est l'émotion, l'humain et donc… le service. Ce service sur lequel on ne mise plus en France. Il faut reconnaître qu'on ne le rémunère pas suffisamment. D'ailleurs, nombre de professionnels ont la conviction que la fin du paiement au pourcentage a « tué » le travail de salle. Cette pratique a été supprimée à cause du poids des charges sociales. Dans les années 1990, avec ce système, un bon serveur dans une bonne maison gagnait sa vie comme un cadre et pouvait empocher jusqu'à 30 000 francs par mois, soit environ 5 000 euros.

À l'évidence, il y a une responsabilité publique derrière ces comportements. Ces métiers ne sont pas considérés par les autorités, à commencer par l'Éducation nationale. « Quand on crée une formation de commis de cuisine, on a énormément de demandes, m'a expliqué un jour le chef Thierry Marx. Quand on crée "cuisinier mode d'emploi", on a quatre cent cinquante demandes. Quand on crée "boulanger mode d'emploi", énorme succès également. Mais quand on crée "service mode d'emploi en restauration" on a zéro demande!»

Si notre mentalité franchouillarde est bien la cause de tous nos maux, le coût du travail a aussi, et ô combien, sa part de responsabilité. En terme de personnel, les palaces du monde entier proposent un rapport de un pour un face au client. Ce qui évidemment est intenable en France à cause… des charges sociales trop lourdes. Raison pour laquelle la mode de la cuisine ouverte dans les nouveaux restaurants n'est pas seulement une idée marketing mais surtout une question d'économies sur le service puisque cette configuration mobilise moins de personnel de salle. Et puis, rengaine habituelle, les candidats prêts à offrir l'hospitalité aux clients se font de plus en plus rares. C'est un cercle vicieux.

Puisqu'il faut bien commencer par le commencement, c'est en faisant évoluer notre conception de l'apprentissage – du service comme de n'importe quel autre métier – que nous ferons évoluer les mentalités. C'est un sujet sur lequel je reviendrai, à nouveau avec Thierry Marx dont les initiatives dans ce domaine sont particulièrement réussies et devraient inspirer nos responsables. «Quand je vois, dit-il, ces jeunes en gilet vert censés renseigner les voyageurs sur les quais de gare SNCF sans qu'on les ait formés, je vois des jeunes qui peinent à offrir un service et je sais que c'est parce qu'ils ne peuvent pas se projeter dans ce "métier". On ne construit rien sur du précaire. »

Éloge de la gentillesse

« Étrange gentillesse ! Comment peut-elle ennoblir celui qui la pratique si elle ne le propulse pas vers des sommets ? Et tout d'abord, en quoi consiste-t-elle ? Quelle est sa finalité ? Par quel genre d'actes suis-je gentil ? Réponse : *par le service.* Je reconnais d'abord la personne gentille au service qu'elle me rend. La gentillesse est donc une *servitude volontaire.* Il va de soi que celui qui exerce un métier de service n'est pas gentil par profession. Le salaire ne peut fonder la gentillesse, ce qui n'interdit pas aux employés du secteur tertiaire de la pratiquer. » Cette réflexion n'est pas celle d'un hôtelier devenu philosophe par nécessité ou par accident mais bien celle d'un philosophe à part entière, Emmanuel Jaffelin, qui s'est longuement penché sur cette « vertu mineure » qu'on appelle la gentillesse. L'auteur va loin, puisqu'il prône l'émergence d'une « nouvelle éthique » dans son livre, *Petit Éloge de la gentillesse*[1],

---

1. *Petit Éloge de la gentillesse, par Emmanuel Jaffelin, François Bourin Éditeur, 2011. Emmanuel Jaffelin est agrégé de philosophie. Il a enseigné à Lyon, Fourmies, Sao Paulo, Roubaix et en région parisienne. Il a également été diplomate au Brésil (2003-2007) et en Angola (2009-2013). Il enseigne aujourd'hui au lycée Lakanal de Sceaux et à Montesquieu au Plessis-Robinson.*

duquel j'ai tiré cet extrait et ceux qui suivent. La gentillesse, écrit Emmanuel Jaffelin, «sans faire de nous des Jésus ou des superhéros, a le pouvoir de nous élever un peu, de nous ennoblir, en un minimum d'efforts». N'est-ce pas ce genre de philosophie qu'il faudrait enseigner dans les lycées, les écoles hôtelières ou de commerce, voire dans les salles de nos restaurants ou de nos brasseries, pour démontrer que le «service» n'est ni une servitude, ni une tare, ni une honte?

Emmanuel Jaffelin retrouve lui aussi les origines de cette vision extrêmement sombre du «service» dans notre propre histoire. «La démocratie, qui s'oppose viscéralement à l'*esclavage* et à toute forme d'*inégalité*, écrit-il, considère la gentillesse comme une attitude négative pour une raison évidente : être gentil consiste à rendre service. Là se trouve le paradoxe de la gentillesse : le service qu'elle veut rendre bute sur le refus démocratique de l'inégalité des conditions. Il est vrai que lorsque je rends un service, je deviens *serviteur* : je me retrouve donc dans une situation d'infériorité qui heurte les idéaux démocratiques. La gentillesse, par la servitude qu'elle instaure, contrevient ainsi à l'égalité des hommes. »

Si j'accepte volontiers de servir à titre professionnel, c'est parce que cette servitude se voit (ré) compensée par un salaire. Dans une page célèbre de *L'Être et le Néant*, Jean-Paul Sartre explique que le garçon de café «joue» au garçon de café car il aurait pu, selon les circonstances de la vie, exercer un autre métier : policier, écrivain, dentiste, que sais-je encore ! Cela signifie que, une fois son service terminé, le garçon redevient un citoyen comme les autres et récupère pleinement son intégrité qu'il avait momentanément abandonnée contre un salaire. Son service n'est qu'une parenthèse dans son existence, non ce qui le définit fondamentalement. Mais alors, si le garçon de café « joue » le serveur, pourquoi n'accepterait-il pas de jouer à être gentil ? Voilà une excellente question que l'on devrait soumettre aux serveurs et autres garçons de café adeptes de la grimace !

Oui, cette affection – au sens médical du terme – est bien un mal français, qui ne peut se comprendre, selon moi, sans remonter deux cents ans en arrière et à cet amalgame entre « servitude » et « service » que l'on doit à Robespierre et ses amis révolutionnaires, ainsi que le laisse entendre Emmanuel Jaffelin : « La monarchie est une démocratie métastasée : chacun se pensant "roi", personne ne veut servir ni servir la démocratie elle-même. C'est pourquoi, lorsque la situation exige de moi que je rende service à quelqu'un qui me le demande, je le fais dans la plus grande discrétion, car je sens bien au fond de moi la résistance de l'idéologie démocratique à cet abaissement par lequel je déserte une relation égalitaire. La démocratie a tellement inscrit la servitude dans mes gènes que je perçois la gentillesse comme la rémanence d'un monde disparu, celui de l'Ancien Régime et de sa pratique du servage. À défaut d'être *serf*, le démocrate veut bien être serviable, mais dans la discrétion. »

Comme Emmanuel Jaffelin, je considère le sens du service comme une vertu, cette « *vertu salutaire*, écrit le philosophe, qui me permet, en rendant un service à autrui, de m'échapper un peu de moi-même. Le premier gain de la gentillesse est bien sûr le réconfort qu'autrui en retire. » Il faudrait inscrire cette phrase au fronton de tous les lieux qui reçoivent du public, que ce soit des hôtels ou des restaurants... ou certaines administrations.

Si l'on ajoute à ce manque de cordialité des prix élevés dus aux coûts dans la restauration et l'hôtellerie, convenons que le niveau de service en France est faible. Il nous reste donc beaucoup de chemin à parcourir. On est loin de ce que proposent nos voisins. Je pense à l'Italie, l'Espagne ou la Grèce, où le nombre de touristes étrangers a augmenté de 15 % en 2013, frôlant les 18 millions[1]. Un record historique. Le tourisme représentant environ 17 % du PIB, la Grèce compte sur ce secteur pour retrouver le chemin de la croissance tant espérée après six années de récession.

Ne nous leurrons pas. Les touristes choisissent l'Espagne, l'Italie ou la Grèce parce qu'elles sont moins chères, certes, mais aussi à cause de la qualité

---

1. *Chiffres Elstat, Autorité grecque des Statistiques.*

du service. Cette qualité n'existe plus chez nous – d'ailleurs, a-t-elle jamais existé ? Je pense à certaines régions de France, notamment la Côte d'Azur, où les tarifs ne sont plus justifiés. Le niveau de service commence par le produit qu'on propose, c'est-à-dire la taille des chambres, leur entretien. Et puis par la façon, nous y reviendrons, dont les équipes s'occupent des clients, les accueillent. Et il faut reconnaître que, de ce point de vue-là, dans la compétition mondiale, il y a un défi à relever.

Des chiffres en trompe-l'œil

Au mois d'août 2015, Laurent Fabius, le ministre des Affaires étrangères également chargé du Tourisme, se félicitait des bons chiffres de ce secteur. Il annonçait une progression des nuitées et une hausse du nombre de touristes, passant de 83 millions en 2013 à 85 millions en 2014. Bons, ces chiffres ne le sont qu'en apparence. On peut leur faire dire ce que l'on veut, les faits n'en sont pas moins têtus. Sinon pourquoi nos interlocuteurs étrangers s'ingénieraient-ils à affirmer aujourd'hui qu'ils vendent l'Italie, l'Espagne ou la Grèce et moins la France ? Parce que la crise est passée par là ? Ce serait un peu trop simple. Nous n'avons pas mis toutes les chances de notre côté pour donner de la France l'image d'un pays dynamique qui se modernise, capable d'accueillir de mieux en mieux ses visiteurs.

Ces 85 millions de touristes annoncés par Laurent Fabius cachent, malheureusement, une réalité plus cruelle. Cela ne représente qu'une progression de 2 % sur un an alors que 52 millions de touristes supplémentaires (plus 5 %) ont parcouru le monde sur la même période, malgré les défis économiques mondiaux et des situations géopolitiques explosives[1]. Et nos voisins les plus proches, on l'a vu, ont su profiter de cette manne enregistrant une croissance de 5 % par an, de plus de 15 % en Grèce ou de 8 % en Espagne rien qu'au premier semestre 2014.

Ce n'est pas tout. Dire que les nuitées augmentent est intellectuellement faux. Peut-on considérer qu'un routier étranger qui s'arrête une nuit dans un hôtel ou dans son camion est un touriste ? Non, à l'évidence. Pourtant, son passage est comptabilisé comme une nuitée. On mélange les choux et les carottes !

Ce que ne disent pas non plus ces « bons » chiffres c'est que l'hôtellerie familiale, qui émaille 80 % de notre territoire, est à la peine quand elle n'est pas prise à la gorge par l'explosion des charges. Ils ne disent pas, enfin, que les pôles les plus forts – Paris, la Côte d'Azur,

---

1. *Baromètre de l'Organisation mondiale du tourisme (OMT). La demande du tourisme international a été la plus vigoureuse dans les destinations de la région Asie (+6%), en Afrique (+6%) et en Europe (+5%). Les sous-régions les plus dynamiques ont été l'Asie du Sud-Est (+10%), l'Europe centrale et orientale (+7%), l'Europe du Sud et méditerranéenne (+6%) et l'Afrique du Nord (+6%).*

Bordeaux ou les stations de ski – se renforcent et les plus faibles régressent. Une France à deux vitesses, voilà ce qu'est aujourd'hui la France du tourisme.

Revenons sur le nombre de nuitées «en progression», à en croire les statistiques officielles. Malheureusement, la réalité est plus douloureuse : sur quinze mois, entre mai 2012 et septembre 2014, le secteur de l'hôtellerie a perdu 4 500 000 nuitées. Qui le dit? L'Insee[1]. Ce n'est pas tout. En cumul, la région Ile-de-France, qui tire le secteur, décroche depuis juillet 2012 avec un déficit de 1 572 000 nuitées, en cumul sur douze mois en septembre 2014. À noter également que la fréquentation étrangère est en retrait depuis avril 2014. Un recul qui génère un déficit de 840 000 nuitées en rythme annuel...

Les autres types d'hébergements (hôtellerie de plein air, résidences de tourisme, villages de vacances, hébergements de tourisme social) suivent la même courbe. Résultat : la France a perdu 9 millions et demi de nuitées toutes catégories d'hébergements touristiques confondues depuis 2012.

Un autre chiffre doit nous alerter : celui des recettes générées par ces touristes étrangers. Avec 20 % de visiteurs en plus, le tourisme français produit trois fois

---

1. *http ://www.insee.fr/fr/themes/detail.asp?reg_id=0&ref_id=frequentation-touristique-t2-2014*

moins de recettes que le tourisme américain – lequel, il est vrai, bénéficie de l'importance démographique des États-Unis où le tourisme intérieur génère plus de revenus[1]. Alors comparons ce qui est comparable.

La France et l'Espagne, par exemple. À démographie similaire, la France récolte à peine autant de recettes que l'Espagne, qui reçoit bien moins de touristes. En effet, les très bons chiffres des entrées de touristes sur le territoire français masquent une réalité plus complexe : outre les professionnels comme les routiers, beaucoup d'entre eux ne font que passer dans le carrefour géographique qu'est la France, sans forcément y rester et y consommer. Déjà, en 2007, comme l'expliquait une note de l'Insee[2], près d'un touriste sur cinq ne faisait en réalité que traverser le pays, en route vers une autre destination.

Paris en est l'exemple le plus flagrant. La capitale s'est vue débordée par Londres en tant que première ville touristique au monde et n'est que la troisième pour les recettes derrière Londres et Milan. Elle n'est qu'au 9e rang pour le montant des recettes par visiteur. On estime en effet la dépense moyenne des étrangers à environ 140 euros par jour – y compris l'hôtellerie – contre 229 euros à Londres[3].

---

1. *Source : Banque mondiale. http ://data.worldbank.org*

2. *http ://www.insee.fr/fr/ffc/docs_ffc/ref/fratour08d.PDF*

3. *Rapport de la Chambre de commerce et d'industrie (CCI) de Paris, 2012 : « L'essor du tourisme : quel relais de croissance pour Paris ? »*

À trente-sept ans, je suis toujours considéré comme un jeune entrepreneur même si cela fait plus de douze ans que je me suis lancé dans cette aventure passionnante. C'est long douze ans. Ces années d'aventure permanente me conduisent à un constat alarmant : notre économie touristique est un chef-d'œuvre en péril. Le déclin est enclenché. Au cours de cette période, j'ai vu la situation se dégrader. Encore une décennie supplémentaire à ce régime et nous n'aurons pas assez de larmes pour pleurer sur les ruines de notre glorieux passé.

Chaque déplacement à l'étranger me permet de mesurer à quel point notre pays fait rêver. Les gens partout dans le monde nous envient et rêvent de France. À l'occasion d'un dîner autour du vin en Chine, un participant m'a interpellé en me demandant pourquoi nous ne faisions pas «que» du tourisme avec ce potentiel extraordinaire…! Nous avons un trésor sous les pieds, un patrimoine incomparable que nous exploitons mal. Et aussi, malgré tout, un capital sympathie que nous dilapidons peu à peu, inexorablement, à force de mauvaise communication et d'amateurisme. Certes Paris restera Paris, comme le dit la chanson, mais Paris n'est pas toute la France et n'en représente pas l'unique manne touristique. Le succès de la capitale cache cette autre réalité d'un pays qui n'est pas suffisamment mis en valeur.

Arnaud Montebourg – feu le ministre du Redressement productif qui n'a pas redressé grand-chose –

avait beau dire qu'il ne voulait pas que la France se réduise à un «*Resort & spa*», nous n'en avons pas moins un potentiel touristique magnifique que nous sommes en train de gâcher par léthargie. Faut-il rappeler que cette industrie du tourisme représente 7 % du PIB français et près d'un million d'emplois salariés directs, soit 4,5 % de l'emploi salarié total ? M. Montebourg avait dû oublier cette incontournable réalité et aurait dû méditer cette déclaration du secrétaire général de l'Organisation mondiale du tourisme, Taleb Rifai : «Le secteur du tourisme a montré à quel point il était capable de s'adapter aux évolutions des marchés, de dynamiser la croissance et de créer des emplois dans le monde entier (...) D'ailleurs, pour de nombreuses économies, le tourisme a été l'une des rares industries à apporter des nouvelles positives. »

2.

Sur l'air du mépris

J'ai fait un rêve. Un rêve éveillé en découvrant dans une émission de France 2, *Un œil sur la planète*, que la personne chargée du tourisme en Iran est le vice-président lui-même, Masoud Soltanifar. Un vice-président qui n'hésite pas à inaugurer un hôtel de charme à quelques centaines de kilomètres de Téhéran. Oui, je me suis pris à rêver, pensant que l'industrie du tourisme, en France, serait peut-être un jour représentée par un ministère de plein droit et non plus par un secrétariat d'État rattaché au Commerce et à l'Artisanat, que l'homme ou la femme chargé du tourisme ne serait plus une variable d'ajustement dans le jeu politique, comme le fut Sylvia Pinel[1] à qui l'on a donné

____

1. *Ministre de l'Artisanat, du Commerce et du Tourisme dans les gouvernements Jean-Marc Ayrault I et II, du 16 mai 2012 au 31 mars 2014.*

35

un portefeuille parce qu'il fallait un représentant du Parti radical de gauche dans le gouvernement de M. Ayrault. Mme Pinel est aujourd'hui ministre du Logement, de l'Égalité des Territoires et de la Ruralité… Faut-il voir un signe encourageant dans l'arrivée du Tourisme au Quai d'Orsay, en 2014? De nature plutôt optimiste, je veux le croire. Comme l'a déclaré le directeur d'Atout France, Christian Mantei, «le fait que Laurent Fabius, le numéro deux du gouvernement, ait désiré, et demandé le Tourisme est un événement en soi». Dont acte. Pour autant, notre profession est toujours représentée par un secrétaire d'État, en l'occurrence Matthias Fekl, nommé après la démission de Thomas Thévenoud en délicatesse avec le fisc.

N'allez pas croire que le tourisme soit la seule source de profit et de développement de l'Iran. Non, bien au contraire, le pays des Ayatollahs est en plein boum économique. Aucun secteur n'est négligé. Et surtout pas celui du tourisme qui a rapporté quelque 40 milliards d'euros à ce pays en 2014. Probablement le double à l'horizon 2015-2016! Comme le dit, quelques images du reportage plus tôt, un vieux bijoutier du bazar d'Ispahan : «Quand il y a de l'eau dans une rivière, toutes les plantes s'épanouissent. Quand il n'y a pas d'eau, toutes les plantes se fanent. C'est pareil avec les touristes. Quand ils viennent, tous les secteurs de l'économie en profitent. Les touristes, c'est mieux que le gaz et le pétrole!»

Chez nous, dans le Sud-Ouest, le président de l'Office du tourisme de Bordeaux a mis sept ans pour faire les 17 kilomètres qui séparent son bureau des Sources de Caudalie ! Il a fallu qu'il entende parler de nous dans le monde entier pour finalement venir nous voir...

Je ne rêve pas de l'Iran toutes les nuits. Mais cette émission a sonné comme un nouvel avertissement à notre cher pays engourdi et dont les responsables politiques semblent singulièrement privés du bon sens affiché par le vieux bijoutier d'Ispahan.

En regardant ce reportage, je me suis soudain souvenu de la remarque du président du Groupe École Supérieure de Commerce Bordeaux croisé par hasard dans le hall des Sources de Caudalie. Il m'avait demandé ce que je devenais. Je lui avais répondu, non sans un brin de fierté, que je m'étais lancé dans l'hôtellerie et que j'étais le patron de l'établissement dans lequel il se trouvait. Sa réaction fut immédiate. « Il n'y a pas de sot métier... », me dit-il sur un ton ironique. J'ai dû esquisser un sourire avant de le planter là, ne souhaitant pas perdre mon temps à lui faire comprendre combien sa remarque était stupide ou à lui expliquer l'énorme potentiel que recèle le tourisme en général et l'hôtellerie de charme en particulier. Sa réaction était blessante, car il y avait beaucoup de mépris dans son attitude, un mépris épidermique, ne s'embarrassant d'aucune considération. Je lui aurais démontré, preuves à l'appui, que le tourisme allait sauver la France et résorber le chômage à lui seul, qu'il n'aurait pas changé de posture. Car il s'agit bien d'une posture, d'une réaction qui sent la naphtaline et la toile d'araignée. Les élites de ce pays, quand elles pensent réussite, n'ont d'yeux que pour l'ENA ou Polytechnique et les stars du CAC 40. Le reste n'est que poussière.

C'est ce même mépris, avec quelques variantes néanmoins, que je discerne chez la plupart de nos responsables politiques. À moins qu'il ne s'agisse d'indifférence. Ce qui revient à peu près au même.

Bien sûr, tout commence à l'école où l'on entend assez peu parler de ces métiers de services, où seules comptent les filières d'« excellence », où il n'est jamais question de formation, où l'on donne rarement à l'élève la possibilité de trouver la voie dans laquelle il s'épanouira et pourra, pourquoi pas… exceller. Regardez ces élèves du fond de la classe à qui l'on promet des métiers « manuels » synonymes de voie de garage, métiers dont on ne prononce le nom qu'en pinçant les lèvres.

Des métiers dénigrés

Ce pays commence seulement à entrevoir les vertus de l'apprentissage trop longtemps assimilé à une forme d'esclavage déguisé. La réalité est pourtant tout autre. « Concernant l'apprentissage, peut-on lire dans un article publié par l'Insee en 2013[1], de nombreuses études ont montré que les apprentis ont des durées d'accès à l'emploi plus courtes, des emplois plus qualifiés et sont moins frappés par le chômage que les jeunes ayant suivi leur formation en lycée professionnel. » L'une de ces études, réalisée par l'Assemblée française des Chambres de commerce et d'industrie (ACCI), démontre en effet que tous les jeunes ayant suivi la voie de l'apprentissage ont obtenu un premier emploi en CDI, dans les trois mois suivant la fin de leur formation pour 79 % d'entre eux, et dans les six mois pour 90 % d'entre eux. Ils sont 50 % à avoir signé un CDI à la sortie de l'apprentissage et près d'une fois sur deux ont démarré leur carrière au sein de l'entreprise qui les a formés. Enfin, les deux tiers ont bénéficié d'une augmentation de 17 % de leur salaire sur quatre ans.

Tout irait pour le mieux dans le meilleur des mondes si l'apprentissage profitait moins aux diplômés et plus aux autres. À en croire une étude du Conseil d'analyse économique[2] (CAE) « l'apprentissage et les contrats de professionnalisation ne participent pas assez à l'insertion des peu ou pas du tout diplômés ». Et l'étude de souligner ce paradoxe : « La formation en alternance, qui joue dans de nombreux

---

1. *http ://www.insee.fr/fr/ffc/docs_ffc/ES454A.pdf*

2. *http ://www.cae-eco.fr-07/01/2015*

pays un rôle clé pour insérer dans l'emploi des jeunes pas ou peu diplômés, a surtout profité aux apprentis de l'enseignement supérieur. » En conclusion, cette étude du CAE plaide avec raison pour une réforme de la formation professionnelle en alternance. Une formation accessible aux jeunes de seize à vingt-cinq ans qui alterne cours théoriques et périodes en entreprise. Pourtant depuis 2014, la formation professionnelle a été réformée. Le FAFIH (Fonds d'assurance formation de l'industrie hôtelière) avait l'habitude de soutenir les PME à travers des plans de formation depuis plus de dix années.

Nous avons construit une politique de ressources humaines autour du fait qu'un salarié de notre entreprise pouvait être formé tous les deux ans. Il s'agissait de se perfectionner pour les professionnels et de former à nos métiers de nouveaux entrants de notre industrie. Avec un budget formation de quinze mille euros, nous réussissions à proposer l'équivalent de cinquante mille euros de formations à nos salariés. Depuis la réforme de la formation professionnelle, nous sommes cantonnés aux formations obligatoires. On a enlevé aux PME le pouvoir de faire des pros.

Il m'arrive de recevoir des parents inquiets pour leurs enfants en échec scolaire ou qui s'ennuient sur les bancs d'une faculté. Ils sont perdus et me demandent s'il y a un avenir dans l'hôtellerie ou la restauration et d'une manière plus générale dans le tourisme. Je leur réponds simplement que ce secteur d'activité connaît une croissance à deux chiffres depuis trente ans, que les filières d'excellence y sont nombreuses, qu'un jeune qui a de l'ambition et n'est pas avare de ses heures peut s'y épanouir, qu'on peut être manager à trente ans dans l'hôtellerie ou la restauration. Les exemples de réussite ne manquent pas, comme Antoine Pétrus, meilleur ouvrier de France, ancien chef sommelier et directeur de salle du mythique restaurant Lasserre et aujourd'hui directeur de restauration du Clarence, la maison des vins du château Haut-Brion, à Paris. Et je leur dis, enfin, que ces métiers de service ont beaucoup de sens, que vivre du plaisir des autres est enrichissant contrairement à ce que l'on croit ou ce qu'on tente de nous faire croire.

Je rencontre régulièrement des gens qui ont déjà une longue expérience professionnelle et qui sont à la recherche d'un second souffle, qui en sont arrivés au point où «gagner plus» ne suffit plus à leur équilibre et avouent être en quête de sens. C'est le cas de mon adjointe Anne-Cécile. Un jour, elle a décidé de tirer un trait sur son passé de brillante avocate fiscaliste et de rejoindre notre groupe. Elle recherchait un métier concret avec des valeurs simples. Elle l'a découvert. Ce qui est valable pour elle l'est aussi pour un serveur ou un cuisinier. Ces métiers de service sont des métiers de transmission, de compagnonnage et donc riches d'expériences humaines. À un moment, Alain Ducasse, pour contourner le terme de service qu'on assimilait à servitude, a même suggéré d'utiliser l'expression « donner l'hospitalité ». Et c'est bien de cela qu'il s'agit.

J'appartiens aux Assises de la restauration présidées par le chef trois étoiles Régis Marcon. L'une de nos principales préoccupations est d'attirer des jeunes pour servir en salle. Ce n'est pas une mince affaire. Les volontaires sont rares. C'est un travail difficile, certes, mais on est encore loin de la mine ! La plupart des candidats potentiels – même s'ils sont au chômage et n'ont aucune formation – ont malheureusement une horloge biologique bloquée sur les 35 heures par semaine.

Comment leur en vouloir ? Ils sont nés dans les années 1990 et n'ont jamais rien connu d'autre qu'un discours officiel ou parental – un bourrage de crâne ? – dont la philosophie revient à dire que « moins on en fait mieux on se porte », qu'avoir de l'ambition est honteux et qu'on peut tout obtenir sans effort.

Résultat de cette situation qui confine à l'aberration, on estime les emplois non pourvus dans l'hôtellerie-restauration à quelque 50 000 ! 50 000 emplois pour un secteur, je ne le répéterai jamais assez, en pleine expansion. Ainsi, selon une étude du Centre d'informations et de documentation de la jeunesse (CIDJ)[1]

---

1. *http ://www.cidj.com/trouver-un-emploi-meme-sans-diplome-dans-l-hotellerie-et-la-restauration*

«Un tiers des employeurs peinent à recruter (…) De nombreuses branches professionnelles se retrouvent en tension, la crise la plus alarmante concernant le secteur de l'hôtellerie-restauration (…) Le manque de qualification est responsable à 65 % de cette crise du recrutement, et l'absence de candidature est mise en cause dans 33 % des cas. »

La fiscalité, une autre forme de mépris

Je ne sais pas si Nicolas Sarkozy et François Fillon ont eu raison de baisser la TVA à 5,5 % dans la restauration[1]. En revanche, ce que je sais, c'est qu'avant cette décision je revendais avec une TVA à 19,6 % les produits que j'avais achetés avec une TVA de 5,5 %. Cela revient à dire que je collectais 14 % d'impôts pour l'État ! Est-ce le rôle d'un restaurant ou d'un hôtel de remplir le chaudron du fisc ? La question peut se poser. Mais cela n'a pas duré très longtemps puisque nos décideurs ont d'abord relevé le taux de TVA à 7 % au 1er janvier 2012, puis de 7 % à 10 % au 1er janvier 2014. Sans ciller, en l'espace de deux ans, la TVA a donc doublé. Y a-t-il beaucoup de professions dans ce pays capables de supporter une fiscalité qui double en si peu de temps sans que personne ne s'en émeuve ? À l'instar des «bonnets rouges», le «peuple de la

---

1. *1er juillet 2009.*

restauration et de l'hôtellerie » aurait dû, peut-être, lui aussi, montrer sa colère d'être à ce point « méprisé ». Mais nous n'avons pas mis le feu aux perceptions ni fermé nos restaurants et nos hôtels : nous n'en avons ni les moyens ni la volonté, soldats obéissants que nous sommes. Des soldats livrés à eux-mêmes sur un champ de bataille où l'artillerie lourde fait défaut.

Dans le même esprit chagrin, à Martillac, là où se trouve notre premier hôtel, Les Sources de Caudalie, les responsables locaux ont cru bon de créer un office du tourisme. Un office du tourisme à… Martillac, avec ses 17 km², ses 2 600 habitants, ses vignes paisibles, son hôtel – nous – et sa maison d'hôte. Rien d'autre. Rien à visiter. Ils n'ont pas compris que Les Sources de Caudalie étaient une destination en soi. Cela ne les a pas empêchés de créer *ex nihilo* une taxe de séjour de 1,20 euro par nuit et par client. Nous en accueillons 15 000 par an. Du jour au lendemain, je me suis donc acquitté de 18 000 euros par an pour faire vivre cet « indispensable » office du tourisme qui reçoit… dix personnes par an.

Nous nous amuserions avec notre directeur de nous retrouver seuls à l'assemblée générale de cet office du tourisme où les mandats de président, directeur sont plus nombreux que les adhérents, si nous n'avions pas la conviction que nous pourrions mieux employer ces fonds à des fins de promotion de notre destination. Lamentable. Réflexion à la petite semaine. Pensée étriquée. Aucune vision. Aucune ambition. Juste quelques vieilles recettes, quelques combines éculées déconnectées de la réalité, dépourvues du moindre bon sens. Y en a-t-il eu un, seulement un, qui ait eu le courage de dire : « Laissons-les investir. Laissons-les se développer, c'est bon pour la région, bon pour tout le monde » ? J'en doute. Dans ce pays, le réflexe de Pavlov c'est plutôt de se dire : « Ça a l'air de marcher leur petite affaire. Taxons-les de 18 000 euros ! Ce sera toujours ça de gagné[1]. » Comme quoi, du côté des vignes on peut aussi trouver des vaches à lait…

Respecter nos richesses

Revenons aux « cheminées qui fument » et à ceux qui ne voient notre destin qu'à travers des usines qui tournent en trois huit. C'est une vision passéiste. Nous nourrissons une trop grande nostalgie. On ne peut plus concevoir l'avenir à travers la seule production d'acier des hauts-fourneaux. Je ne m'en réjouis pas, loin s'en faut, mais je crois qu'il faut accepter l'idée qu'il y aura toujours des pays capables de produire des biens industriels moins chers que les nôtres. Quand ce n'est pas la Chine, c'est la Roumanie, le Pakistan ou l'Inde. Et cela va durer encore quelques décennies. Devons-nous attendre un hypothétique retour

----

1. *La taxe de séjour est payée par le client et reversée à l'office du tourisme.*

à l'équilibre – l'équilibre qui est en l'occurrence celui que nous avons connu autrefois et plutôt en notre faveur – pour retrouver un semblant de croissance? Évidemment non. C'est la raison pour laquelle il faut se faire à cette idée qu'un garçon de café amènera désormais plus de devises en France qu'un ouvrier spécialisé chez un sous-traitant automobile.

Nous subissons de plein fouet une nouvelle «révolution industrielle» alors que nous rêvons toujours de retrouver la précédente. C'est une utopie. Dans la *Silicon Valley*, ils l'ont compris depuis longtemps.

Mon propos n'est pas de dire que la France doit abandonner son rang dans l'économie mondiale, mais au contraire qu'elle peut le conserver grâce au tourisme qui est une industrie à part entière. Une industrie dans laquelle on a tout intérêt à investir bien plus qu'on ne le fait aujourd'hui, comme on aurait tout intérêt à investir dans l'économie du savoir. C'est dans ce triptyque, culture-agriculture-tourisme, que nous devons puiser nos futures ressources. Ce n'est pas indigne d'admettre que le monde entier a envie de venir chez nous. Il n'y a pas à en rougir et il serait vain de nier cette évidence. Ce serait comme se retrouver devant un geyser de pétrole jaillissant du sous-sol de son jardin à la fin du XIXe siècle, et vite reboucher le trou avant d'être accusé d'avoir souillé le massif de fleurs!

À nouveau, rappelons que, loin des «cheminées qui fument», les exportations de vin rapportent à la

France 7,6 milliards d'euros par an, que le vin est notre second secteur d'exportation, notre premier secteur agroalimentaire excédentaire et notre deuxième secteur excédentaire après l'aéronautique et devant la chimie/parfumerie. Combien d'emplois à la clé? 558 000, directs et indirects.

Tant mieux si nous sommes capables de fabriquer de magnifiques avions, tant mieux si nous les vendons dans le monde entier, tant mieux si nous excellons dans ce domaine et dans bien d'autres. Devons-nous pour autant négliger ces richesses étroitement liées dont regorgent et notre sol et notre histoire? Évidemment non, car c'est sur ces richesses-là que nous devons miser, dès à présent, pour garder l'espoir de voir notre pays se relever d'une crise qui ne trouve pas sa fin.

3.

LE GRAND GÂCHIS

Au début des années 1970, alors que l'on commençait à peine à se préoccuper d'écologie, la deuxième chaîne de télévision française – on ne l'appelait pas encore France 2 – diffusait une émission consacrée à l'environnement intitulée : *La France défigurée*. Exemples à l'appui, chaque semaine, on pouvait y découvrir les ravages d'une expansion sauvage ne connaissant ni contrainte environnementale ni souci esthétique. Les présentateurs, Louis Blériot et Michel Péricard (lequel devait se lancer plus tard dans une carrière politique), étaient d'abord partis en guerre contre les châteaux d'eau. Ce combat, qui peut paraître dérisoire au regard des enjeux écologiques auxquels nous sommes aujourd'hui confrontés, me fait penser à ces éoliennes qui « défigurent » – après tant d'autres horreurs – la France du troisième millénaire. Atteignant parfois plus de 150 mètres de hauteur, ces moulins à vent, dont on peut douter de l'efficacité, sont souvent érigés près de monuments historiques! Le Mont-Saint-Michel lui-même – pourtant classé au patrimoine mondial de l'humanité – a failli se retrouver avec des éoliennes dans son voisinage. Il aura fallu l'intervention de l'Unesco, en 2010, pour dissuader les pouvoirs publics d'aller au bout de ce projet et convaincre la justice administrative d'annuler les permis de construire. Mais l'hydre administrative n'en finit jamais d'étendre ses tentacules, puisque d'autres projets existent, notamment autour de la basilique de Vézelay en Bourgogne, elle aussi inscrite au patrimoine de l'humanité!

La France défigurée. Le titre était bien choisi. C'était il y a plus de quarante ans. Depuis, les choses n'ont pas beaucoup changé, voire se sont aggravées dans certains cas. D'une manière générale, la campagne française, mais aussi nos villes et nos villages, nous offrent cette image paradoxale de paysages patiemment modelés au fil des siècles et d'un territoire négligé, mal entretenu, j'irai jusqu'à dire parfois martyrisé. Je ne sais pas si c'est propre à notre pays, mais peut-on accepter ces dépôts d'ordures, ces zones commerciales qui enlaidissent les abords de nos cités, la disparition des petits commerces et du même coup de l'animation des centre-villes? Peut-on accepter cet urbanisme sauvage, ces tours et ces immeubles délabrés par le temps? Peut-on accepter le saccage de notre littoral ou de nos montagnes pour ériger des complexes touristiques *low cost*? Non, évidemment. Pourtant, rien ne semble s'arranger. Est-ce de cette façon que nous pourrons attirer des touristes exigeants? Non, c'est une évidence. Ils fuiront notre pays après avoir visité la capitale ou quelques monuments ou musées en coup de vent, pour aller chercher ailleurs le goût de l'authenticité, découvrir une autre architecture, une autre identité et une autre culture que les leurs.

Un exemple de ce saccage – il n'y a pas d'autre mot – me vient à l'esprit. Je veux évoquer cette zone industrielle qu'il faut traverser quand on part de Dijon pour suivre la route des grands crus qu'on appelle fièrement les Champs-Élysées de la Bourgogne. On n'a pas le choix : le touriste français ou étranger doit supporter ces supermarchés et autres usines à consommer abrités sous les tôles de monstrueux hangars avant d'atteindre le premier village, Marsannay-la-Côte. Est-ce l'image que nous souhaitons donner de notre pays, celle que nous souhaitons promouvoir auprès de nos clients étrangers?

Parmi les principaux artisans de cette France martyrisée se trouvent les maires – pas tous, heureusement! Leur rôle est ingrat, difficile, j'en conviens, mais ils sont en première ligne et c'est à eux qu'il revient de préserver notre potentiel touristique. J'écris « notre », car ce patrimoine est un bien national, pas seulement celui d'une région ou d'une communauté. Nous en sommes tous responsables et redevables.

Trop souvent les maires ont cette obsession de planter des zones marchandes hideuses dans des endroits qu'il faudrait au contraire préserver comme de belles cartes postales, autant pour attirer les touristes que pour offrir à nos concitoyens un cadre de vie agréable. C'est là que se situe la responsabilité des maires qui, trop souvent, ont fermé les yeux pour une taxe professionnelle qui n'existe plus.

Pour attirer des touristes, pour les « fixer » dans un lieu, les faire rêver ou plus simplement attiser leur curiosité, il faut leur raconter une histoire. Or la route de Dijon à Marsannay-la-Côte n'a rien à offrir, ni son originalité, ni sa beauté, ni son passé. Rien. Tout juste un présent dépourvu d'âme.

Voilà où nous en sommes, pour l'instant, prêts à dépenser dix milliards d'euros pour saigner un terroir ancestral, à le détruire irrémédiablement. Pourquoi? Pour gagner quelques minutes! C'est une perspective effrayante. Les touristes, français ou étrangers, pourront bientôt s'installer confortablement dans un wagon ou un autocar et on leur racontera l'histoire d'un massacre, d'un pays qui dilapide son patrimoine. Pas sûr qu'ils aient envie de revenir. Pas sûr que cela intéresse beaucoup les clients de Hong Kong ou de Sao Paulo!

J'évoque la campagne mais je pourrais tout aussi bien parler de notre littoral fréquemment livré à l'appétit de promoteurs qui ont trop délaissé la dimension esthétique. Je pourrais tout aussi bien parler de certaines stations de ski où l'on passe son temps en voiture, signe que les architectes autant que les édiles locaux n'ont guère pris le temps de la réflexion. Pourquoi n'avoir pas recréé des villages avec leur place, leurs commerces, leurs rues ? C'est une question de coût, bien sûr, qui dénote une vision étriquée de l'avenir. Aujourd'hui, le touriste veut un vrai dépaysement et ne plus avoir ce désagréable sentiment de n'être qu'une source de profit. Il faut arrêter la course aux forfaits dispendieux, ne pas vendre seulement le « ski » mais aussi et surtout la montagne, son environnement, son histoire. J'ai coutume de dire que la France ne doit plus être la Dacia du tourisme mais avoir l'ambition d'en devenir la Mercedes.

Décidément, nous ne sommes pas assez vigilants sur l'image que nous donnons de nous-mêmes. Il y a peu de temps, je me trouvais en Floride, à Epcot – Walt Disney World si vous préférez –, à Orlando. Je me suis promené dans le pavillon français où des rues de Paris débouchant sur la tour Eiffel – on s'y croirait ! – ont été aménagées. Images de cartes postales mais finalement assez proches de la réalité, exception faite de l'accordéon et des bérets basques.

Il en allait tout autrement du film projeté au sein de ce pavillon qui devait promouvoir notre destination. Je me suis retrouvé plongé dans les années 1970 quand les skis avaient encore des lanières et les truffiers des sabots sur les marchés du Périgord. Tout juste si on n'allait pas voir surgir Jacquou le Croquant ! Voilà où nous en sommes. La France du tourisme manque d'ambition depuis quarante ans. On vit encore sur les décisions du général de Gaulle et de Georges Pompidou – qui avait suivi personnellement le chantier de la Grande-Motte –, au mieux sur celles de Valéry Giscard d'Estaing sous le règne duquel les stations de montagne se sont développées parce qu'il aimait le ski.

Et s'il n'y avait que l'architecture, nos paysages abîmés ou des films poussiéreux ! Que dire de cette restauration bas de gamme, cette honte au pays de la gastronomie ? Qu'on s'entende : bas de gamme ne signifie pas bon marché. Bien au contraire. Bon marché peut rimer avec qualité. En l'occurrence, je dénonce cette restauration hors de prix qu'on jette en pâture aux touristes sans autre considération que de « faire de la marge », de faire du chiffre. Regardez le Mont-Saint-Michel où il n'y a pas un restaurant digne de ce nom mais majoritairement des gargotes hors de prix empestant le graillon. La réponse de ceux auprès de qui on s'en émeut ? « De toute façon il y aura toujours du monde » ! Argument imparable, croient-ils, alors qu'ils sont en train de tuer la poule aux œufs d'or. N'avoir pour ambition que le profit à court terme, c'est regarder par le petit bout de la lorgnette.

Aujourd'hui, l'information voyage vite. Tout se sait, se partage. S'il est exact de dire que le Mont-Saint-Michel, la tour Eiffel ou Notre-Dame auront toujours la faveur des touristes, on peut craindre en revanche qu'ils consommeront de moins en moins. C'est une évidence. Ils iront se restaurer ailleurs ou se contenteront d'un sandwich. Et c'est déjà le cas.

Airbnb est cette société qui propose à des particuliers de louer leur appartement à des visiteurs. Ce nouvel opérateur propose désormais 40 000 logements en Ile-de-France soit dix fois plus que lors de son lancement français en 2012. Au total, 1,8 million de personnes ont pu séjourner à Paris grâce à Airbnb. Il y a une véritable accélération du phénomène sur cette année. Les clients se tournent vers cette solution nouvelle pour deux raisons principales. L'offre hôtelière parisienne n'est pas adaptée aux voyages en famille et nous manquons de grandes chambres. Mais les touristes trouvent aussi par cet opérateur un nouveau rapport « émotion / prix ». En effet, nos visiteurs trouvent de plus grandes surfaces, des lieux « incarnés » mais aussi des tarifs plus compétitifs. En tant qu'hôteliers nous sommes face à cette concurrence que l'on jugera loyale ou pas mais qui atteste d'une évolution des attentes des voyageurs internationaux notamment. Nous devons nous adapter plus vite et plus fort. Nous ne devrons pas compter sur un soutien public dans cette mutation importante de l'offre. Alors que les hôteliers parisiens se lamentent du succès d'Airbnb, Anne Hidalgo maire de Paris a décidé de louer à l'opérateur américain les catacombes de Paris pour la nuit d'Halloween 2015. Outre le goût douteux qui consisterait à passer une nuit au milieu des ossements humains du XVIIIe siècle, on mesure l'opportunisme de la municipalité à la recherche de financement du secteur privé. En effet, la mise à disposition du lieu apportera environ 300 000 euros à la mairie. Soyons pragmatiques mais n'attendons pas de la part de Mme Hidalgo la défense des intérêts hôteliers. Pour rappel, l'une des premières idées de notre édile lors de sa prise de mandat avait été de faire peser sur les touristes le coût des travaux des transports en commun par une augmentation massive et déraisonnable de la taxe de séjour.

Non seulement il faut miser sur le tourisme mais sur le bon. Comme le conseille le laboureur à ses enfants, dans la fable de La Fontaine : « Gardez-vous, leur dit-il, de vendre l'héritage/ Que nous ont laissé nos parents/ Un trésor est caché dedans. » À notre tour de ne pas gaspiller notre héritage, ce pays magnifique riche de tant de promesses.

Le millefeuille administratif

Les exemples de surenchère administrative ne manquent pas. La France est un pays de paperassiers jamais rassasiés de nouvelles réglementations, de notes qui s'ajoutent aux notes, d'arrêtés, de dispositions ou d'ajustements. Le pays de Descartes aime empiler les articles de loi, alinéa après alinéa, comme si rien ne devait passer entre les mailles du filet. Et c'est une réussite. Les mailles sont si serrées que le filet est devenu un carcan qui ramène l'eau avec les poissons. C'est vrai dans le tourisme comme dans la restauration. Ainsi le télescopage des CDT et des CRT. Bizarrement, les Comités départementaux du tourisme sont indépendants des Comités régionaux. Comme si une seule structure n'était pas suffisante pour chapeauter l'activité touristique d'un territoire. Inévitablement on en arrive à des situations absurdes comme celle dont j'ai été le témoin en Australie.

C'était à Sydney, il y a quelques années. J'avais organisé un dîner avec le chef des Sources de Caudalie afin de promouvoir la région bordelaise à travers la dégustation de ses vins. La région Bourgogne était également présente avec ses crus et j'ai pu constater, à ma grande surprise, que le représentant du Comité régional du tourisme de Dijon n'avait jamais rencontré ni ne s'était jamais entretenu avec le responsable de l'Office du tourisme de Beaune. Il leur avait fallu, à l'un et à l'autre, un déplacement de l'autre côté de la terre pour se rencontrer pour la première fois! Ubu roi à la mode bourguignonne… et à la charge des caisses de l'État, car ce sont évidemment les deniers publics qui financent ces organismes auxquels il ne faut pas oublier d'ajouter les offices du tourisme, les CDT et les CRT. Pourquoi faire simple quand on peut faire compliqué? Pourquoi autant de structures? À l'évidence, une seule serait suffisante. Cela éviterait de disperser les énergies. Malheureusement, on retrouve ce maillage dans tout l'Hexagone. Dès lors, comment vendre la destination France si l'on est incapable de coordonner nos actions au niveau d'un territoire? Comment éviter que la Côte d'Or ne concurrence le Rhône ou la Haute-Loire? Il en est de même à l'échelle du Sud-Ouest que je connais bien : est-ce que le CDT Gironde a un rôle complémentaire à celui du CRT Aquitaine? J'en doute. On est assis sur un millefeuille, une pièce montée chancelante sans cesse à la recherche d'un équilibre introuvable. À l'échelle du monde, la subtilité de ce patchwork administratif paraît bien dérisoire. Pour un Texan, un Brésilien ou un Russe du fin fond de l'Oural, le sud-ouest de la France c'est aussi bien le Pays Basque que la côte landaise ou les vignes du Bordelais. En novembre 2014, j'ai présenté aux pouvoirs publics le projet de rénovation complète du Royal Champagne, établissement hôtelier entre Reims et Épernay. Nous avons repris avec des partenaires américains ce

Relais & Châteaux. Dix-neuf personnes se trouvaient face à moi le jour de cette présentation. Ce projet suscitait de l'intérêt et nous en étions très heureux. Le tour de table fut éloquent. La personne chargée du tourisme au Conseil régional n'instruisait pas notre dossier puisqu'elle était en charge de la promotion. Mais la promotion devait être assurée par définition par la déléguée au Comité régional du tourisme, elle aussi présente.

À cette situation ubuesque s'ajoute le poison de la suspicion jeté quant au fonctionnement de certains de ces organismes. Ce fut le cas en 2013 quand la Chambre régionale des comptes s'était intéressée au CRT d'Île-de-France après les révélations du *Canard enchaîné*. Le journal satirique avait en effet publié un article sur le système de piston géant mis en place dans ce CRT, au bénéfice d'élus de gauche comme de droite. Jean-Pierre Blat, le directeur général, avait révélé que, «dans 47% des cas», les embauches de salariés étaient «en lien avec des élus régionaux ou avec leur passé politique». Conséquence : Les effectifs du CRT avaient été multipliés par trois en moins de sept ans! Quant aux salaires – alors qu'un grand nombre d'hôteliers tirent le diable par la queue – certains pouvaient atteindre 14 000 euros net par mois! Et si encore les heureux bénéficiaires avaient eu des idées… Jean-Pierre Blat, pour apaiser le courroux des magistrats, avait fini par donner sa démission.

C'est bien connu, l'union fait la force. Or, faute de rassembler nos troupes, nos forces sont disséminées. Trop d'enjeux dépendent encore de ministères différents, raison pour laquelle il est si difficile de coordonner notre offre touristique et la rendre plus lisible, plus cohérente…

Autrefois rattachée à l'Équipement, à l'Environnement, à la Jeunesse, aux Sports et aux Loisirs, l'administration du tourisme est désormais partagée entre la DGE du ministère de l'Économie, et le Quai d'Orsay. Voici comment Bercy présentait la DGE dans un communiqué daté du 18 septembre 2014 : « Parmi les priorités de la DGE figure "le renforcement de la politique industrielle et des filières de production", notamment dans le cadre des 34 plans de la Nouvelle France industrielle. La nouvelle direction aura aussi en charge "le développement de l'économie numérique", ainsi que celui "des services, du commerce, de l'artisanat et du tourisme". Elle traitera également du "soutien à l'innovation", du "développement de l'export", du "renforcement de l'attractivité de la France" et de la "simplification". » En relisant ces lignes, je me sens perdu dans cette « Nouvelle France industrielle » pleine de guillemets, comme coincé entre l'artisanat et l'économie numérique. J'ai la désagréable impression qu'on ne savait pas trop quoi faire du tourisme même si je ne doute pas un instant qu'un énarque saura toujours me démontrer avec brio la cohérence de ce choix. Néanmoins, à cette cohérence je préfère la pertinence du rapport d'information du Sénat sur le tourisme daté de 2011 qui notait que cette organisation – à l'époque elle s'appelait la DGCIS[1] – peinait «à mobiliser les administrations au-delà du seul périmètre du ministère chargé de l'économie. La dimension transversale de la politique du tourisme pourrait justifier la création d'une délégation interministérielle au tourisme, administration légère qui serait chargée de la coordination de l'action de l'État [...] »[2].

Une administration «légère»... À nouveau, je me prends à rêver. Malheureusement, quatre ans plus tard, force est de constater que les choses n'ont guère avancé. Preuve en est cette réglementation toujours plus complexe qui pénalise lourdement le secteur de l'hôtellerie et de la restauration. À ceux qui soupçonneraient mes confrères de se plaindre à tout bout de champ, je leur conseille de se plonger dans un autre rapport du Sénat. On peut y lire qu'un «excès de contraintes en matière de réglementation et de mise aux normes» a été un «obstacle majeur» au développement du secteur «particulièrement touché par cette inflation normative».

En peu d'années, notre secteur a cumulé des mises aux normes financièrement insupportables pour un

---

1. *Direction générale de la compétitivité, de l'industrie et des services.*

2. *Rapport du Sénat n°684 enregistré le 29 juin 2011.*

grand nombre d'établissements les contraignant, pour certains, à mettre la clé sous la porte : normes en matière de sécurité incendie, d'ascenseurs, de piscines, d'accessibilité pour les handicapés… Je m'arrête un instant sur ce dernier point, celui des personnes à mobilité réduite. Bien évidemment mon propos n'est pas de remettre en cause la loi du 11 février 2005 pour « l'égalité des droits et des chances, la participation et la citoyenneté des personnes handicapées ». Mais c'est un fait, cette loi aussi légitime et utile soit-elle a directement affecté notre profession. Les exigences de ces mises aux normes sont très élevées et parfois tout bonnement impossibles à satisfaire. Ainsi que le note le rapport, et comme j'ai pu moi-même le constater, « le problème provient souvent d'une voirie publique non adaptée pour permettre l'accès des handicapés aux établissements. Dans d'autres cas, la configuration physique des lieux (étroitesse du bâtiment, nature historique du site, salles en sous-sol…) rend tout aménagement délicat : 80 % des cafés parisiens seraient ainsi dans l'impossibilité pratique de faire les travaux de mises aux normes ».

Selon l'UMIH[1], le coût financier est tel que la France pourrait perdre un hôtel par jour, tandis que

---

1. *Union des métiers et des industries de l'hôtellerie. http ://www.umih.fr/ fr/dossiers/reglementation/*

100 000 entreprises pourraient déposer leur bilan faute de pouvoir réaliser ces travaux ! J'ajouterai à ce constat que les constructions neuves risquent également de connaître un recul, puisque ces normes représentent désormais 30 % du prix des travaux.

Heureusement, des solutions existent – privilégier, par exemple, le « 100 % service » plutôt que le « 100 % accessible » en proposant, dans chaque hôtel, une chambre accessible aux handicapés sans pour autant réaménager chacune d'entre elles.

Dommage que le bon sens ne soit pas l'une des principales vertus de notre administration. On pourrait en sourire si cette attitude pour le moins brutale et irréfléchie n'allait pas jusqu'à mettre en péril notre économie en détruisant des entreprises… et des emplois.

Les territoires oubliés

Après le Sénat, la Cour des comptes. En 2014, cette juridiction financière connue pour ses analyses implacables a consacré un chapitre de son rapport annuel à l'activité touristique en outre-mer[1]. Pour en dire quoi ? Que tout allait bien sous le soleil des tropiques ? Hélas non. Car, là aussi, que ce soit sur les plages des

---

1. *https://www.ccomptes.fr/Publications/Publications/Rapport-public-annuel-2014*

Caraïbes, de l'océan Indien ou du Pacifique, on peut parler de gâchis. Ce n'est pas le moindre des paradoxes de découvrir que le tourisme y est embryonnaire, que cette activité économique, grande pourvoyeuse d'emplois dans des territoires où il en manque tant, tourne au ralenti.

C'est à n'y rien comprendre. Ces destinations font rêver et leurs populations n'en profitent pas. Les chiffres sont là, éloquents dans toute leur froideur : en Guadeloupe le tourisme ne représente que 7 % du PIB, 9 % de celui de la Martinique, 7,7 % de celui de la Polynésie française et encore moins à La Réunion où il ne pèse que 2,6 % du PIB. Toujours selon la Cour des comptes, le tourisme, en 2012, a contribué à l'emploi pour 16 % des effectifs salariés en Polynésie française, 9 % en Guadeloupe, et à 3,2 % à La Réunion. Bien sûr, 2008 est passé par là et la crise économique a frappé plus durement ces territoires qui affichent des taux de chômage très élevés : plus de 28 % à La Réunion, plus de 22 % en Guadeloupe et en Polynésie française et 21 % à la Martinique.

En ce qui concerne la fréquentation, les chiffres sont tout aussi féroces. Le rapport de la Cour des comptes évoque la concurrence des îles voisines. Quand la Martinique accueillait un peu plus de 487 000 touristes en 2012, la République dominicaine en recevait plus de 4 millions. Constat identique à La Réunion qui comptait plus de 446 000 touristes la même année quand l'île Maurice en enregistrait le double.

La crise, à elle seule, ne peut expliquer cette surprenante perte de vitesse et l'on va voir qu'à l'origine de ce gâchis annoncé, on trouve souvent les mêmes causes que celles dont souffre la métropole. À commencer par le faible dynamisme des collectivités territoriales – ce qui ne les empêche pas d'être interventionnistes –, l'ancienneté des plans de développement – ils datent au mieux des années 2000 et au pire des années 1990 – et la faible valorisation des atouts de ces îles.

« La qualité exceptionnelle de leur patrimoine naturel n'est pas suffisamment prise en compte, note le rapport. Le parc national de La Réunion, qui représente près de 40 % du territoire, a été classé en 2010 au patrimoine mondial de l'humanité par l'Unesco [...] et la stratégie touristique réunionnaise, élaborée avant ce classement, reste silencieuse face à un produit d'appel et de notoriété majeur. La Martinique, la Guadeloupe et La Réunion sont également des destinations dotées de volcans actifs [...] peu exploités pour l'image touristique de ces îles. » Ce n'est pas tout.

La liste des griefs est encore longue. Dans l'ordre, le rapport pointe la faible diversification de la desserte aérienne : passer par Paris est obligatoire pour tous les Européens et il n'existe que trois lignes régulières pour relier les Antilles et La Réunion. Un choix encore plus restreint – autre paradoxe – pour les touristes étrangers habitant des zones proches des îles françaises. En 2012, les liaisons aériennes entre la Guadeloupe et le continent américain ne représentaient que 2 % du trafic passager total de la Guadeloupe. Cherchez l'erreur. On ne s'étonnera pas que la clientèle métropolitaine représente plus de 80 % des touristes. Une situation qui constitue évidemment un double handicap, comme le constate la Cour des comptes : « Le premier est une grande sensibilité à la conjoncture économique française. Le second tient au caractère fortement affinitaire [...] qui apporte moins de recettes que le tourisme d'agrément ou le tourisme d'affaires, les dépenses liées à l'hébergement et à la restauration étant moindres. » Tout est dit. Ou presque, car il manque encore quelques touches à ce tableau peu réjouissant : une offre hôtelière insuffisante (« la capacité hôtelière actuelle, avec moins de 4 500 chambres, ne permet pas d'envisager une augmentation substantielle des flux touristiques ») et un accueil peu chaleureux. Sur ce dernier point, la Cour des comptes remarque que le reproche vaut autant pour la population (plus spécialement aux Antilles) que pour les professionnels du secteur auxquels il est reproché une « faible qualité de l'accueil des touristes : absence de maîtrise des langues étrangères, horaires des commerces et restaurants inadaptés à une vie nocturne, accueil peu structuré à l'arrivée des navires de croisière».

De toute évidence, il est temps d'inverser la tendance, que ce soit en outre-mer ou en métropole – je pourrais citer le cas du Languedoc-Roussillon qui a tout pour être attractif et qui pourtant ne l'est guère. Sans un sursaut, la France ne pourra bientôt plus se targuer d'être la première destination touristique du monde. Sans que nos responsables politiques en prennent vraiment conscience, l'image de notre pays, peu à peu, s'est brouillée. La France décline et peine à se réformer. Il en est du tourisme comme en d'autres domaines. Nos infrastructures touristiques sont anciennes, elles vieillissent, elles aussi, et comme s'en inquiétait ce même rapport du Sénat de 2011, «faute d'un effort d'investissement suffisant, au lieu d'être perçue comme un gage de qualité traditionnelle, *[l'ancienneté]* pourrait finir par être assimilée à de la simple vétusté, comparée aux équipements flambant neufs dont se dotent les nouveaux pays touristiques».

Ceux qui se sont penchés sur le dossier sont tous au moins d'accord sur un point : faute d'une politique de promotion clairement définie, l'offre touristique de la France à l'étranger reste et restera floue, contrairement à nos voisins ou aux nouvelles destinations touristiques qui ont su se spécialiser autour de quelques produits bien identifiés.

Quel dommage. Car la croissance est là, nonobstant la crise économique. Notre erreur – celle des pouvoirs publics au niveau tant local que national – est d'avoir décrété qu'on voulait développer une offre touristique sans se poser la question de sa promotion et de sa commercialisation.

C'est ce que je reproche à la démarche française, probablement parce qu'elle n'a pas suffisamment tendu la main au secteur privé, aux professionnels qui savent de quoi ils parlent. Et qui sont capables de proposer des produits en rapport avec l'attente de clients potentiels. Les mairies ne doivent pas se transformer en tour-opérateurs ni les maires en agents de voyage. Leur rôle doit être de faciliter la tâche des investisseurs privés, pas de s'y substituer et de laisser plus de libertés aux initiatives privées.

La sécurité comme condition nécessaire

Ne faisons pas d'angélisme. Les grands sites touristiques sont souvent les cibles de la petite délinquance. De façon arithmétique, plus nous accueillons de visiteurs plus nous nous exposons aux problèmes d'insécurité. C'est donc un enjeu majeur pour l'industrie du tourisme que nous ne pouvons passer sous silence. Et ne comparez pas Paris à Sao Paulo. Nos touristes rêvent de Paris parce qu'il y fait bon vivre et que l'on peut déambuler dans les rues.

L'insécurité qui règne dans les arrondissements de la capitale les plus visités par les touristes n'est pas une vue de l'esprit. Le préfet de police de Paris, lui-même, peut en témoigner. La scène s'est déroulée à Montmartre, en 2014. Bernard Boucault, accompagné de son chauffeur et du directeur de la sécurité publique, s'était rendu sur place pour constater l'omniprésence des vendeurs de bracelets africains. Il faut savoir qu'au bas de la butte Montmartre, les habitants et les touristes sont en effet régulièrement importunés – certains sont même agressés verbalement et d'autres physiquement – par des joueurs de bonneteau ou par des « tresseurs ». Ceux-ci nouent des bracelets autour du poignet des promeneurs, lesquels, une fois piégés, doivent les « acheter ». S'ils refusent, la situation peut dégénérer. L'initiative du préfet n'a pas été du goût de ces vendeurs en situation irrégulière qui ont purement et simplement agressé les trois hommes ! Bernard Boucault a été giflé, le directeur de la sécurité publique a reçu des coups de pieds et le chauffeur plusieurs coups de poings au visage. Commentaire de la presse d'outre-Manche – catastrophique pour notre image, il va sans dire – notamment dans le *Sunday Times* : « Bienvenue à Paris où le crime et le vagabondage ont pris la Ville lumière en otage, forçant les touristes visitant les monuments les plus célèbres comme le Louvre ou la tour Eiffel à affronter voleurs à la tire et escrocs. »

Et ce n'est pas le classement des cinquante villes les plus sûres du monde publié par *The Economist*, en février 2015, qui peut nous rassurer. Aucune ville française ne se classe parmi les vingt agglomérations les plus sûres du monde. Paris n'est qu'en 23ᵉ position, loin derrière Tokyo, Singapour, Osaka, Stockholm et Amsterdam qui occupent les cinq premières places. Même New York ou Chicago sont devant la capitale française. Quatre critères principaux ont été retenus par le journal britannique pour établir ce classement :

- la sécurité numérique (cybercriminalité et vols d'identité),
- la sécurité sanitaire (espérance de vie, nombre de médecins et de lits d'hôpitaux),
- la sécurité des infrastructures,
- la sécurité personnelle (nombre de crimes violents et activités illégales)…

Il nous reste donc encore du pain sur la planche pour préserver l'image de la Ville lumière !

Paris doit être une des villes les plus sûres du monde. Cela doit être une priorité. Il faut des mesures concrètes et efficaces de la part des ministères de l'Intérieur et de la Justice pour atteindre cet objectif sachant que la criminalité a pris plusieurs formes désormais.

L'abandon de l'excellence

Devinette : quel est le pays où il y a désormais le plus grand nombre de trois étoiles Michelin ? La France ? Non. Le Japon. Mais où est la France ? Est-elle « entre le déclin et la décadence », comme l'a déclaré l'ancien président de la République Valéry Giscard d'Estaing[1] tout en appelant à « une vraie rénovation » ? On peut le craindre. Qu'il y ait moins de restaurants trois étoiles en France qu'à l'étranger est à mes yeux le signe d'un déclin. Qu'en conclure d'autre si la France n'est plus la meilleure en son domaine, si elle n'est plus le porte-étendard de la grande cuisine ?

C'est pourtant une évidence : faire de la restauration trois étoiles au pays de Bocuse est devenu impossible pour des raisons économiques. On connaît les maux dont souffrent nos entreprises – lourdeurs des charges et normes administratives accablantes –, à fortiori dans cet univers exigeant et coûteux que sont l'hôtellerie de luxe et la grande restauration. Il suffit de prendre l'exemple du Plaza Athénée qui, pour se maintenir au rang de palace, doit employer vingt personnes en salle et autant en cuisine pour le même nombre de convive ! Même si ce type de clientèle rapporte beaucoup d'argent, la masse salariale représente à elle seule entre 50 et 60 % du chiffre d'affaires.

---

1. *In* Le Parisien *du 06/10/2014.*

C'est à l'évidence difficilement tenable d'un point de vue économique. À ceux qui n'auraient pas encore compris quel enjeu se cache derrière ces chiffres, je rappelle que l'hôtellerie de luxe est une grande pourvoyeuse de devises.

Cependant, les causes de ce déclin ne sont pas seulement économiques. Si des grands chefs vont glaner leurs trois étoiles ailleurs qu'en France, comme Joël Robuchon au Château, à Tokyo, c'est parce qu'ils savent que le chemin pour atteindre l'excellence y est un sacerdoce auquel il faut sacrifier beaucoup et qu'ils ne trouveront pas, ou plus, les équipes prêtes à s'y soumettre. Question d'état d'esprit probablement. L'empire de la baguette contre celui de la fourchette. S'ils ne le clament pas sur les toits, les chefs n'en pensent pas moins et savent qu'à l'étranger, particulièrement au Japon, ils pourront compter sur de jeunes gens qui ont l'ambition de l'excellence et sont capables de méticulosité et de rigueur. D'ailleurs, ce n'est pas un hasard si les brigades des trois étoiles en France – ceux qui nous restent encore – sont composées, entre autres, d'étudiants ou de commis japonais.

Cette fuite de nos meilleurs artisans sous des cieux plus accueillants a des retombées directes sur notre économie en général et sur celle du tourisme en particulier car la clientèle la plus aisée boude la France ; s'il faut aller à Tokyo, Hong Kong, Macao ou Londres pour goûter la grande cuisine française, eh bien elle ira à Tokyo, Hong Kong, Macao ou Londres plutôt qu'à Paris, Lyon ou Bordeaux. Cela ne signifie pas qu'il n'y a plus de grands cuisiniers en France ni qu'on y mange mal, mais qu'on a simplement renoncé à viser les étoiles. Et à ne plus vouloir atteindre les sommets on finit immanquablement par rester au ras des pavés.

Cela n'a rien de vraiment surprenant. En France, le modèle économique des grands restaurants n'est plus tenable. Comment reprocher à des chefs de travailler soixante-dix heures par semaine pour gagner correctement leur vie ? Les charges et la fiscalité tuent le modèle d'excellence : 100 % du chiffre d'affaires c'est 45 % de salaires, 35 % de nourriture, 20 % de frais… Faites le calcul. Si vous voulez un service digne de ce nom, c'est forcément au détriment d'un autre poste.

Il existe un classement des meilleurs restaurants du monde : *The World's 50 Best Restaurants*[1], par ailleurs très contesté car on soupçonne ses organisateurs d'être aux mains des lobbies de la finance londonienne. Soit. Vrai ou faux, ce classement a néanmoins le mérite d'exister et de mettre les restaurants du monde entier sur un pied d'égalité et de nous rappeler, à nous Français, que nous avons quelques longueurs de retard, que

---

1. *http ://www.theworlds50best.com/list/*

notre *leadership* bat de l'aile et que nous avons perdu de notre influence. Ainsi, il faut attendre les 11e et 12e places du dernier palmarès 2014 pour trouver deux restaurants français, Le Mirazur de Mauro Colagreco, à Menton, et L'Arpège d'Alain Passard, à Paris. Quant à Joël Robuchon et son Atelier Saint-Germain, il pointe à la 63e place ! Cela dit, en 2013, seuls cinq restaurants français avaient obtenu une place dans ce top 50. En 2014, on en comptait neuf[1].

En tête de ce classement 2014[2], on découvre les lauréats habituels : l'Espagnol, El Celler de Can Roca de la famille Roca, l'Italien l'Osteria Francescana de Massimo Bottura et le Danois Noma de René Redzepi. Petit cocorico – tout de même : la femme chef de l'année n'est autre qu'Hélène Darroze.

Je ne résiste pas à l'envie de citer cet article signé de Philippe Alexandre et Béatrix de L'Aulnoit, paru dans le quotidien *Libération* il y a déjà quelques années, et qui traduit parfaitement mon propos : « [...] Si on est

---

1. *Mirazur de Mauro Colagreco (11e), l'Arpège d'Alain Passard (12e), Le Châteaubriand d'Inaki Aizpitarte (21e), L'Astrance (36e), Alain Ducasse au Plaza Athénée (47e), La Maison Troisgros (78e), Le Septime de Bertrand Grébaut (57e), L'Atelier de Joël Robuchon (63e) et le Louis XV d'Alain Ducasse (82e).*

2. *Les dix premiers sont : El Celler (Espagne), l'Osteria Francescana (Italie), le Noma (Danemark), le Central (Pérou), Eleven Madison Park (États-Unis), Mugaritz (Espagne), Dinner by Heston Blumenthal (Royaume-Uni), Narisawa (Japon), D.O.M. (Brésil) et Gaggan (Thaïlande).*

à Chicago ou à Tokyo, on n'est pas devant son feu. Voilà la cause première du déclin de l'art de la cuisine française, cette tradition de splendeur héritée du roi Carême qui a porté la table à un tel degré d'excellence que le régent d'Angleterre et le tsar de Russie se l'arrachaient. Tous les menus de l'époque étaient écrits en français. Tous les grands chefs de Londres, de Vienne ou de Saint-Pétersbourg, étaient français. Ils faisaient fortune mais grâce à leur talent et leur vigilance à côté du tournebroche ou derrière leurs fourneaux. [...] La grande cuisine française a toujours été ouverte sur les terroirs étrangers. Mais autrefois les grands chefs faisaient la mode, ils ne la suivaient pas. Aujourd'hui, à vouloir conquérir les publics d'Asie ou d'Amérique et flatter leurs palais, on transforme les cartes en patchwork international, un métissage primaire, une cuisine devenue bâtarde : des carpaccios de coquilles Saint-Jacques servies à la chaîne, des magrets à la plancha, des rouleaux de printemps au homard, des sushis de noix de coco au chocolat, avec des baguettes et un verre de vin du Chili... Bien sûr, il s'agit d'une cuisine de bistrot branché. Mais c'est là que les jeunes générations apprennent à manger, que les nouveaux cuisiniers aspirent à gagner de l'argent. Les artistes qui sont maîtres chez eux et refusent, chaque soir, des dizaines de couverts, se font de plus en plus rares[1]. »

---

1. *In* Libération *du 24/12/ 2003.*

À l'instar des auteurs de cet article, je crois que le mal est profond. J'ose, cependant, espérer qu'il n'est pas irréversible.

Air France

Quelle image ! Lors du comité central d'entreprise du 5 octobre 2015, des membres de la direction des Ressources humaines de la société ont été molestés par des syndicalistes de la CGT. Au-delà du caractère intolérable de la violence, nous avons creusé notre tombe avec une image déplorable de ce qui devrait être un fleuron national. L'image de ces membres de la DRH agressés a été une aubaine pour nos concurrents. Qu'on ne nous parle pas de « *French bashing* », il s'agit plutôt d'une compétition économique de grande ampleur. Quand les médias américains se repaissent de nos errements, ce n'est pas parce qu'ils ne nous aiment pas… mais parce qu'ils veulent prendre notre place dans les destinations les plus prisées. C'est une raison supplémentaire pour soigner notre image et notre communication. Avec cet épisode consternant nous avons certainement perdu beaucoup de temps et de crédit.

La compagnie connaît des difficultés liées à l'évolution d'un marché aérien devenu très concurrentiel. Ainsi, de nombreuses compagnies proposent maintenant des vols dans des appareils de qualité équivalente avec un service supérieur et un coût bien moindre. Le consommateur est désormais sans frontières et concernant le voyage, la confiance en la « marque » est fondamentale. Pour résumer, être client d'Air France revient à payer plus cher une prestation équivalente ou de moindre qualité. Si je recherche le prix, je ne choisis pas cette compagnie. Si je recherche la qualité, je ne choisis pas non plus cette compagnie. Quel constat amer. Nous allons gâcher l'opportunité de cette « vitrine » sur le monde à cause des corporatismes et des rentes de situations. Le plan de restructuration de l'entreprise consistait à supprimer des postes au sol (le service!) pour privilégier la situation de pilotes historiquement gâtés. Sans remise en question, notre pays devra donc se passer d'une compagnie internationale. Pour mémoire, Singapore Airlines longtemps considérée comme la plus belle compagnie du monde, avant que les compagnies du Moyen-Orient viennent changer la donne à coup de pétrodollars, se targuait d'avoir des uniformes dessinés par Balmain, expression de l'élégance « française ».

Tout fout le camp… même le vin!

Si l'herbe est plus verte ailleurs pour nos grands chefs, cela semble aussi être le cas pour nos grands vins. Pour preuve, les ventes aux enchères les plus importantes sont désormais organisées à l'étranger, notamment en Asie et à Hong Kong. Autrement dit, là où se trouvent les moyens financiers. De même, la plupart des grands *tastings* (présentations de vins) se font hors de l'Hexagone. Pourquoi ne pas convaincre les étrangers amoureux de nos nectars de venir jusque chez nous pour y organiser ces grands raouts internationaux ? Dire que les grands événements autour du vin devraient plutôt se dérouler en France est peut-être quelque peu « franchouillard », mais je reste convaincu que cela constitue un vrai vecteur du tourisme. Nous-mêmes, nous l'avons mesuré aux Sources de Caudalie. Les gens qui dégustent et testent les vins là où ils sont produits vivent une expérience bien plus marquante que s'ils se contentaient de déchiffrer des inscriptions ou un dessin sur une étiquette à l'autre bout du monde. En découvrant un vin, ils s'immergent aussi dans une région et vice versa. Rappelons-nous, comme je l'ai écrit plus haut, que pour attirer des touristes, pour les faire rêver, il faut leur raconter une histoire. Et un vin raconte une histoire, celle de ses origines, indissolublement liées à la région où il a grandi. C'est une bonne chose de faire la promotion de la France à l'étranger mais cela n'empêche pas de la faire aussi depuis chez nous. Pourquoi ne pas nous y être déjà attelés ? Par paresse peut-être, par passivité certainement. L'erreur est sans doute de trop attendre des pouvoirs publics. L'initiative, en ce domaine, comme dans d'autres, doit venir du privé quitte à être encadrée par l'administration, pour autant que son esprit procédurier ne vienne tout gâcher et ne décourage les meilleures volontés.

L'administration, justement, parlons-en, car elle n'est pas étrangère à cette situation. Peut-être ne le saviez-vous pas, au pays des vignes tout semble se liguer contre le vin, cette boisson millénaire qui appartient à notre patrimoine. Que ce soit sous couvert de lutte contre l'alcoolisme ou pour des raisons tout simplement vénales, le vin est en effet taxé et surtaxé. S'y ajoutent des contrôles permanents auxquels est astreinte la grande majorité des domaines viticoles, qu'il s'agisse du fisc, de l'Urssaf ou d'autres organismes qui semblent s'être tous donné le mot pour asphyxier les exploitants sous l'œil satisfait de la concurrence internationale, chaque jour plus âpre. Il a même été question de supprimer le «contrat vendanges» qui permet d'employer des saisonniers, souvent des étudiants, en les exonérant de charges salariales. Cela concernerait quelque 22 000 domaines viticoles et plus de 300 000 contrats! Je passe sur les nouvelles normes sanitaires qui se succèdent à un rythme infernal ou sur l'interdiction pure et simple de parler du vin sur Internet… Une situation ubuesque qui a suscité l'indignation d'un journaliste du *Point*, Jean Nouailhac, que je m'empresse de faire partager: «On reste confondu, écrit-il, devant tant d'acharnement! […] Chez nous, les Ayatollahs anti-vin, largement subventionnés, se repaissent de leur triste pouvoir de nuisance sans le moindre scrupule, à l'image de notre actuel président qui non seulement "n'aime pas les riches", mais en plus n'aime pas le champagne parce que "ça fait riche". Peut-on imaginer plus mauvaise publicité à l'étranger pour nos vignerons français qui s'échinent à longueur d'année pour ne pas trop y subir les lois d'airain de la mondialisation? […] Or, nos *Silicon Valley* et nos *Seattle Valley* à nous sont en Gironde et en Champagne et, en plus, elles ne sont pas délocalisables, donc elles sont plus facilement les victimes d'une administration punitive[1]. »

Que dire d'autre? Que l'on ne comprend pas cette volonté de sanctionner un secteur entier de l'économie française, toujours rentable et pourvoyeur d'emplois? Mais il est vrai que nous n'avons pas été gâtés avec nos derniers présidents. Si François Hollande n'aime pas le champagne, Nicolas Sarkozy, lui, ne boit pas de vin. Quant à Jacques Chirac, il préfère la bière étrangère pour laquelle il a même fait de la publicité. Allez comprendre!

Une schizophrénie française

Oui, schizophrénie. Comment appeler autrement cette réalité : la France, pays de la gastronomie, est

----

1. *In* Le Point *du 02/12/2014.*

aussi le deuxième plus gros consommateur de hamburgers en Europe. Chaque année, les Français en engloutissent 970 millions, soit plus de 25 hamburgers par seconde ! Et la consommation est en hausse d'environ 15 % par an. D'après le cabinet NDP Group, en en mangeant 14 par an et par individu, les Français se placent derrière les Britanniques (17) et devant les Allemands (12), puis les Espagnols (9) et les Italiens (5).

Selon une autre étude[1], un sandwich sur deux vendu en 2013 était un hamburger.

Selon cette même étude, 75 % des restaurants traditionnels français en proposent au moins un sur leur menu et les ventes dans ces restaurants ont explosé de 40 % ces dernières années. Enfin, un quart des 970 millions de pièces consommées en France ont été vendues dans des restaurants traditionnels. Et la directrice de la division *foodservice* chez NPD Group, Christine Tartanson, d'avancer un début d'explication : « Le développement des burgers en France, dit-elle, a bien évidemment été porté par la restauration rapide alors que ce circuit a su proposer une offre élargie et souvent renouvelée, tout en mettant en avant de nouvelles recettes. Mais la grande nouveauté vient de la propension du burger à sortir de ce périmètre de la restauration rapide et du *fast-food*. » Autrement

---

1. *Cabinet Gira Conseil.*

dit, à prendre la direction de nos tables après un crochet remarqué chez nos chefs étoilés. Grâce à eux, les restaurateurs, dans un magnifique mouvement d'ensemble, n'ont pas tardé à s'engouffrer dans la brèche, fleurant la tendance.

Il ne s'agit pas ici de militer l'interdiction de ce sandwich *made in USA* et des marques qui le commercialisent. Cependant, on peut craindre que cette invasion ne se fasse au détriment de notre identité et de nos produits de terroirs et d'une production artisanale. D'un côté nous sommes enfermés dans des normes – contraignantes mais aussi garantes de notre identité quand elles ont un sens – alors que de l'autre côté, en tant que consommateurs, nous représentons un marché aisément pénétrable pour des grandes marques ou des lobbies. Sans jouer au village gaulois, je crois que l'on pourrait être un peu plus rigoureux face à cette invasion de la malbouffe. Nous n'agissons pas comme des consommateurs responsables : si on avait un peu de fierté, nous consommerions autrement en nous tournant autant que possible vers des produits frais, premier pas vers la protection de notre patrimoine, comme une sorte de revendication, de droit à la différence, à l'originalité. On peut ouvrir nos portes mais avec fierté… et toujours avec le sourire. C'est le meilleur moyen d'attiser la curiosité de visiteurs étrangers et de redonner des couleurs à notre tourisme. N'est-ce pas ce que, nous-mêmes, nous cherchons quand nous voyageons : d'autres modes de vie, d'autres cuisines, d'autres produits ? Une consolation est de voir des entreprises profiter de cette tendance pour orienter les consommateurs. La chaîne Big Fernand connaît un succès avec ses « hamburgés » en revisitant ce plat populaire américain à la française. On peut noter l'effort de produire sur place pour une restauration rapide et notamment les frites. Cette PME française, créée par une famille d'imprimeurs, voit son développement soutenu avec des ouvertures prévues en région mais aussi à l'étranger.

Il ne faut pas avoir honte de ce que nous sommes. Nous n'avons pas vocation à copier ni à être à la remorque de qui que ce soit pour exister. Ce qui n'empêche pas l'innovation, la recherche d'autres saveurs. Encore un exemple, celui des « nouvelles technologies » culinaires souvent décriées surtout après plusieurs accidents sanitaires, notamment à Copenhague, au fameux Noma, médaille d'or du *World's 50 Best Restaurants,* où 63 clients avaient été intoxiqués en avril 2014. Qu'il s'agisse d'un problème lié aux adjuvants chimiques utilisés dans cette cuisine d'avant-garde ou d'une intoxication alimentaire plus classique, il est intéressant de s'arrêter une seconde sur cette nouvelle cuisine nordique défendue par le chef du Noma, René Redzepi. Je n'en suis pas un ardent défenseur, mais je lui reconnais cette volonté d'innover sans copier, sans perdre son âme ni sa culture, ni son histoire ; l'innovation dans la continuité. Voici ce qu'en dit le journaliste et critique gastronomique de l'hebdomadaire *Marianne*, Périco Légasse : « Le goût du moment et de l'endroit, telle est la devise affichée par René Redzepi, chef du Noma, pour qualifier l'éthique de sa démarche. Fondateur d'une école de pensée culinaire sur la base d'un "Manifeste pour la cuisine nordique", le jeune chef danois d'origine grecque a tissé autour de lui un réseau de disciples ou d'émules formant un véritable maelström gastronomique […] Envoyé spécial de *Marianne* en Scandinavie, notre confrère Jean-Paul Géné a pu observer le phénomène avec délectation et constater l'ampleur du mouvement. Un foisonnement de talents et d'idées nouvelles, d'approches intelligentes de l'aliment dans une recherche de l'origine prouvant que le terroir est partout où un cuisinier consent à se baisser pour le cueillir et l'aduler. Ici la pureté du goût dans un minimalisme transcendé, là l'essence du produit magnifiée par la nature. "Faire entrer la forêt dans l'assiette, les pieds dans la terre et la tête dans les étoiles", écrit Géné. » Voilà ce que ne fait plus la France : tracer de nouveaux chemins sans se méjuger, sans s'ignorer elle-même, sans oublier ce qu'elle est, en restant fidèle à son terroir et à ce génie qu'on a bien voulu lui reconnaître autrefois. C'est aussi cela l'excellence et la meilleure façon d'attirer de nouveaux touristes chez nous et de les y fidéliser. Ce n'est pas en « revisitant » le hamburger avec de soi-disant recettes originales que l'on attisera la curiosité des touristes étrangers !

Récemment invité du *Club de la presse* sur Europe 1[1], Alain Ducasse, le chef aux trente restaurants dans le monde entier et employant quelque 1 800 personnes, ne disait pas autre chose : « Les Danois se servent de leur cuisine pour attirer les touristes mais c'est encore nous qui pouvons proposer la plus large palette pour la destination France. Nous offrons une diversité unique au monde et on ne le fait pas assez savoir. Or, dans cette compétition médiatique, on parle plus souvent des pays nordiques où il y a peu de propositions. Ça veut dire qu'ils se voient davantage. À Paris, on est noyé dans une masse de propositions d'excellence. Il faut d'abord être fiers de ce que nous sommes et le reste du monde continuera à nous regarder. Il ne faut pas dormir. On doit rester éveillés. Les autres pays partent de beaucoup plus loin mais ils courent vite ! La compétition est là et elle est sérieuse. » Dans le domaine de la haute gastronomie le même Alain Ducasse a lancé fin 2014 un restaurant sous le concept de « naturalité » au Plaza Athénée. Il s'agit de se nourrir plus sainement en respectant la nature. « Il y a une nécessité absolue d'aller vers une alimentation plus en accord avec la nature, plus saine, meilleure pour la santé et plus respectueuse », estime le chef multi-étoilé, qui juge la

---

1. *Émission du 08/12/2014.*

cuisine actuelle trop salée, trop grasse, trop sucrée et aussi trop sophistiquée. À quelques pas de la célèbre avenue Montaigne, Yannick Alléno s'est vu décerner trois étoiles au guide Michelin 2015 pour son travail novateur sur les sauces. En réhabilitant cette tradition saucière, Alléno ouvre de nouveau la voie à notre leadership gastronomique dans le monde. Ces deux initiatives bien distinctes et qui ne s'adressent pas à tous les budgets sont autant d'idées pour valoriser la qualité de nos produits (naturalité) et de notre savoir-faire.

Je le répète : il faut avoir une vraie réflexion sur l'offre. Une offre haut de gamme et homogène. Il est temps de hausser le ton, de ne plus se contenter d'être moyen, de penser qualité plutôt que quantité. Osons l'excellence sans cesse réinventée. C'est dans notre ADN. C'est ce que nous savons faire de mieux. Alors faisons-le.

4.

Des lueurs d'espoir

Le désespoir est seulement un manque de talent, si l'on en croit Romain Gary. Et du talent, notre pays n'en manque pas. Pas plus que d'idées. Il n'y a donc aucune raison de se lamenter ; il nous faut au contraire relever le défi du renouveau. Et mesurer les changements qui annoncent le mouvement futur.

S'il reste encore beaucoup de chemin à parcourir, il est vrai que les signes d'une prise de conscience politique se manifestent. Ainsi, en août 2013, devant les ambassadeurs de France réunis à Paris, François Hollande déclarait que le tourisme devait être « érigé en grande cause nationale ». Quel pas de géant même s'il ne s'agissait encore que d'une déclaration d'intention !

Au mois de novembre suivant, le Premier ministre, Jean-Marc Ayrault, revenait à la charge en appelant à une «nouvelle mobilisation». Dans la foulée, il annonçait l'ouverture d'Assises du tourisme. Cette fois, à la déclaration d'intention, à une promesse qui n'engage que ceux qui y croient, s'ajoutait un fait concret bientôt suivi d'un autre : Laurent Fabius, ministre des Affaires étrangères, devenait le tétrarque de la promotion touristique à la faveur d'un remaniement ministériel.

Désormais «grande cause nationale», au même titre que le climat, le Sida ou les dons d'organes, le tourisme, avec à sa tête un ministre d'État, se voyait traité en tant que tel, même si les dossiers et la gestion quotidienne devaient rester entre les mains d'un secrétaire d'État, en l'occurrence Matthias Fekl.

Les Assises ont donc été lancées le 26 novembre 2013 et se sont achevées le 19 juin 2014. En préambule, Laurent Fabius déclarait que «le tourisme est un élément fédérateur pour nos régions, nos départements, nos communes. C'est une réelle opportunité pour tous les territoires. Les touristes dépensent localement. Leur présence augmente la consommation dans les commerces et la fréquentation des établissements culturels. Et les investissements réalisés pour développer les transports et les équipements collectifs bénéficient en premier lieu à nos concitoyens». Qui dirait le contraire?

Tous les acteurs concernés par cette «cause nationale», publics et privés, réunis en groupes de travail autour de neuf thématiques[1], ont été mis à contribution : entrepreneurs, hôteliers, restaurateurs, syndicats professionnels et de salariés, représentants des administrations, des collectivités locales et associations d'élus. Les internautes n'ont pas été oubliés et plus de 33 000 d'entre eux, au niveau national et international, ont pu donner leurs points de vue. Au total, ces sept mois de réflexion ont fini par accoucher de trente mesures mais surtout, comme le relevait *L'Écho touristique*, « les professionnels de la filière ont été enthousiasmés par un véritable changement de regard des pouvoirs publics sur le secteur touristique. Un niveau de reconnaissance jamais vu qui, selon eux, pourrait bien servir de catalyseur à la transformation du tourisme français[2] ». N'en jetez plus ! Si l'enthousiasme est un sentiment très louable il ne faut pas le laisser altérer la raison.

---

1. *Favoriser l'émergence de nouvelles destinations ; diversifier l'offre touristique ; élaborer une stratégie pour le tourisme événementiel et les rencontres professionnelles ; améliorer la qualité de l'accueil ; faire des métiers du tourisme une filière d'excellence ; favoriser les investissements pour renforcer l'attractivité de l'offre ; fédérer et dynamiser les pouvoirs publics en faveur du tourisme ; adapter la filière touristique aux mutations du secteur ; redynamiser le tourisme des Français.*

2. *In « Le tourisme devient une priorité nationale »*, L'Écho touristique, *du 20 août 2014.*

Les trente mesures

Allons dans le détail de ces mesures.

Certaines sont le fruit du bon sens. D'autres restent floues. Analyse rapide.

1/ Constituer cinq pôles d'excellence : *gastronomie/œnologie, montagne/sport, écotourisme/itinérance, tourisme autour des savoir-faire français (artisanat, luxe), le tourisme urbain/nocturne. Ces pôles visent à développer et accroître la visibilité de l'offre touristique française à l'international sur certaines thématiques à fort potentiel.*

Pour travailler à la définition de l'offre pour l'œnotourisme, les choses avancent. Ce regroupement en pôles a le mérite de donner la direction. On ne doit pas tout attendre du politique. Les entrepreneurs doivent s'engager, se développer dans ces cinq voies qui représentent des opportunités de développement.

2/ Financer ces filières d'excellence par le Programme investissement avenir. *Ce Programme, mis en œuvre par le Commissariat général à l'investissement, a pour but de financer des priorités telles que l'innovation ou la compétitivité de nos entreprises. Le tourisme, qui constitue l'une de nos filières d'excellence et d'innovation, doit pouvoir en bénéficier, à hauteur de 15 millions d'euros.*

Le Quai d'Orsay aura réussi en dix-huit mois à mobiliser toutes les énergies autour de notre filière. Le 8 octobre 2015, lors de la première conférence du tourisme, Laurent Fabius annoncera l'investissement d'1 milliard d'euros pour le tourisme. On peut parfois reprocher l'incohérence des décisions politiques mais on doit aussi admettre que l'État ne peut aller au-delà de ses prérogatives. Aux entreprises de profiter de ces dispositifs d'investissements et d'en faire ce qu'il leur revient.

3/ Promouvoir des destinations phares à l'international à Paris et en France. *L'objectif est de mettre en place une stratégie de destinations à l'international et promouvoir l'ensemble du territoire à partir de marques fortes existantes (exemple : marque Bourgogne). La promotion à l'international de ces destinations se fera en lien avec le GIE Atout France. Au niveau local, la loi de réforme territoriale devrait consacrer le rôle pilote des Régions.*

Le resserrement de l'offre est une excellente idée de promotion. Autour d'une vingtaine de destinations phares, nous améliorerons notre visibilité et la promotion de notre territoire. Un exemple concret : La Savoie et la Haute-Savoie qui se regroupent pour devenir la destination « Savoie-Mont Blanc ». Ce n'est pas plus compliqué et cela changera tout.

4/ *Améliorer l'accueil à l'aéroport de Roissy.* *Certains progrès sont déjà notables : Aéroports de Paris a pris l'initiative de mettre en place des messages de bienvenue à l'arrivée. D'autres initiatives sont proposées (écrans d'information en quinze langues, bornes interactives et multilingues d'information sur Paris, les transports, etc.).*

C'est tout de même un lourd handicap que la principale porte d'entrée sur notre pays soit aussi mal jugée par les prescripteurs du monde entier. Les espaces se sont beaucoup rénovés. Cet accueil sera un plus indéniable.

5/ *Améliorer l'accueil à la Gare du Nord.* *La SNCF entame des travaux de rénovation de la Gare du Nord en 2014. Les travaux porteront sur différentes zones (y compris la zone Eurostar, à partir de 2015). Une modification de la circulation autour de la gare est à l'étude.*

La rénovation de la Gare du Nord, qui date de 1864, s'achevera en 2023. Cela aura un impact bénéfique sur l'ensemble du quartier. Il faudra que le ministère de l'Intérieur se saisisse du sujet de sécurité et de mendicité qui ternit l'image des voyageurs.

6/ *Mettre en place un train express entre Roissy et Paris.* *Les travaux pour le Charles-de-Gaulle Express débuteront en 2017. Un chef de projet sera nommé et un comité de suivi mis en place dans les prochaines semaines* *pour assurer le respect du calendrier. Les touristes doivent pouvoir relier la capitale en vingt minutes, par un moyen de transport fiable et sûr.*

Il n'a jamais vu le jour pour des raisons d'entente entre des entreprises (Aéroports de Paris, RATP, SNCF) qui n'ont pu s'entendre, alors que l'État en est actionnaire. Ce chantier devrait se lancer en 2016 pour s'achever pour les Jeux Olympiques en 2024. Un chantier de cette taille est forcément un projet d'avenir.

7/ Augmenter la fréquence et la visibilité des trains directs entre Roissy et Paris. *À l'heure actuelle, les seuls trains directs reliant Paris à Roissy sur le RER B circulent en heure creuse. Le président de la Région Ile-de-France étudie l'accroissement du nombre de trains en liaison directe Paris-Roissy sur la ligne du RER B, tôt le matin notamment.*

8/ Mettre en place, en concertation avec les organisations concernées, un forfait taxi pour le trajet Paris-Roissy. *Ce forfait, qui doit être établi au 1er janvier 2015 après concertation, facilitera le recours à ce moyen de transport en le rendant plus prévisible et plus transparent.*

Il y a urgence! Quand on fait appel à la PME française LeCab, il en coûte 48 euros de relier l'aéroport à la capitale. Avec un taxi, on peut payer jusqu'à 80 euros… Il nous est arrivé de rembourser des clients américains qui avaient dû régler la coquette somme de 120 euros! Nous l'avons remboursée pour qu'ils ne croient pas que tous les taxis parisiens pratiquaient de tels tarifs.

9/ Mettre en place une voie réservée aux bus et aux taxis sur l'autoroute A1. *Pour réduire le temps de transport Paris-Roissy, cette mesure sera effective au 1ᵉʳ janvier 2015.*

Cette voie est entrée en phase test à la fin du mois d'avril 2015.

10/ Étendre l'initiative « visas en 48 heures », *lancée en Chine, notamment à plusieurs pays du Golfe, à l'Afrique du Sud et à l'Inde. Cette initiative sera mise en œuvre dans les douze mois. Elle permettra une augmentation du nombre de visas accordés en réduisant les délais d'obtention, sans qu'elle n'affecte la qualité des contrôles.*

On peut saluer ici le développement d'une entreprise privée française Capago, qui réalise cette mission pour le compte de l'État et facilite concrètement l'accès touristique à notre territoire. En 2017, l'ensemble des demandes de visas devraient se faire informatiquement et dans ce délai. Depuis sa mise en œuvre, le nombre de visas délivrés pour les Chinois a augmenté de 56%!

11/ Supprimer l'obligation de présenter une réservation d'hôtel lors d'une demande individuelle

de visa de court séjour. Cette mesure sera d'application immédiate pour tous les pays où la loi ne l'interdit pas. Elle permettra aux hôteliers de ne pas avoir à subir les désagréments des réservations fictives pour l'obtention de visas.

Une mesure mise en place depuis l'été 2014.

12/ Exempter de visas pour l'accès aux territoires ultra marins des touristes de plusieurs nationalités, en provenance des pays voisins. *Les touristes de plusieurs pays situés dans les régions où se trouvent nos départements et collectivités d'outre-mer seront dispensés de visas, comme par exemple les touristes chinois se rendant à La Réunion.*

13/ Proposer à l'Union européenne de nouvelles exemptions de visas Schengen *en faveur d'États à fort potentiel économique et sans risque migratoire.*

14/ Mettre en place le Passeport Talent pour rendre la France plus accessible à certains publics cibles. *Cette mesure permettra d'accorder des titres de séjour de quatre ans à des personnes hautement qualifiées, chercheurs, investisseurs, entrepreneurs.*

15/ Faire mieux connaître le système PARAFE de contrôle automatisé des passeports, en particulier auprès des citoyens européens. *Ce système permet de* passer plus rapidement le contrôle aux frontières à l'arrivée dans notre pays. Un effort de promotion sera effectué, notamment par Aéroports de Paris.

Une mesure qui permet de fluidifier la circulation dans les aéroports et donc d'améliorer le service aux voyageurs.

16/ Mieux orienter les touristes à leur arrivée : *une signalétique commune sera identifiée et développée avant fin 2014 par le STIF et les responsables concernés dans les gares, aéroports et stations de métro afin de mieux renseigner les touristes. Elle portera notamment sur quelques pictogrammes communs à tous ces lieux (« taxis », « trains », « interdiction de fumer », etc.).*

17/ Renforcer la sécurité. *Conformément au Plan sécurité élaboré par le ministre de l'Intérieur, les dispositifs de sécurité seront renforcés dès 2014 sur les principaux sites touristiques, avec une augmentation de 20 % de l'effectif policier. Des brigades de sécurité spécialisées sont déjà déployées pour la Gare du Nord. Elles le seront très prochainement sur les Champs-Élysées.*

18/ Encourager le commerce des touristes le dimanche. *Le gouvernement souhaite que soient rapidement élargies, sans préjudice des compétences de la Ville de Paris et en concertation avec les partenaires concernés, les dérogations accordées à des zones touristiques de* *grande affluence, notamment les grands magasins du boulevard Haussmann.*

La loi Macron permettra l'ouverture des magasins douze dimanches par an. Mais les commerces des *zones touristiques internationales* pourront ouvrir « tous » les dimanches de l'année. On aurait aimé une mesure généralisée mais enfin, les touristes cesseront de quitter Paris pour Londres pour le shopping dominical. Les modes de consommation ont changé, nous devons nous adapter.

19/ Encourager le commerce des touristes dans les gares. *Le gouvernement promouvra une même évolution pour les commerces des principales gares de France. Les commerces des aéroports sont déjà autorisés à ouvrir le dimanche.*

La rénovation de la Gare Saint-Lazare a montré la voie. Nous savons faire les choses bien. On doit se presser car beaucoup se jouera dans la décennie à venir.

20/ Mettre en place un plan de déploiement du wifi gratuit dans les lieux très touristiques et inciter les hôtels à se doter du wifi. *ADP a initié cette démarche pour ses aéroports parisiens. Le gouvernement incitera les autres acteurs du secteur à faire de même.*

Les touristes curieux et informés se dirigent naturellement vers les établissements qui proposent du wifi gratuit. C'est déjà un élément de sélection du lieu de séjour lors des réservations sur le net. Aux acteurs privés de jouer et de faire le choix de la gratuité pour leurs clients.

21/ Développer les services Internet adressés aux touristes :
- *Développer les données accessibles en mobilité, en collaboration avec les grands acteurs du secteur. Les services innovants en matière de géolocalisation faciliteront l'orientation des touristes et leur mobilité à travers la France. Ils les inciteront à demeurer plus longtemps dans notre pays.*
- *Améliorer l'information disponible et le contenu de nos sites web. Des volets spécifiques au tourisme seront créés sur les sites web du Quai d'Orsay, des ambassades, des consulats, des Alliances françaises si elles l'acceptent.*

22/ Lancer un concours autour de 5/10 applications, qui devront être disponibles gratuitement pour les touristes d'ici le 1ᵉʳ janvier 2015. *Celles-ci pourraient, par exemple, offrir de la traduction automatique, des services d'urgence, des informations sur les équipements et prestations disponibles pour les enfants dans un lieu donné, etc.*

23/ Accompagner les acteurs du tourisme dans la transition numérique, en réduisant leur

dépendance à l'égard des grandes plateformes de distribution en ligne. *Les acteurs seront incités à se fédérer et à mettre en place des politiques de fidélisation, de formation, de mise en commun de leur stratégie numérique.*

Le seul sujet «national» qui vaille est celui du déploiement du haut débit.

24/ Saisir l'Autorité de la concurrence pour un avis attendu avant fin 2014 au sujet du cadre contractuel entre agences de réservation en ligne et hôteliers. *Certaines pratiques doivent être mieux encadrées. Les hôteliers, notamment, doivent être en mesure de contrôler les prix qu'ils souhaitent proposer, le cas échéant sous forme de contrat de mandat.*

Des hôteliers parisiens se sont déjà unis pour «négocier» avec les OTA (agents de voyages en ligne). Personne ne pense réellement à s'en passer. Si c'est une négociation, elle est commerciale et ne doit donc pas concerner les autorités.

25/ Décliner les dispositions de l'Accord national interprofessionnel dans le secteur touristique. *Chaque fois que nécessaire, les conditions de travail seront améliorées dans le secteur touristique, pour en accroître l'attractivité. L'ANI prévoit des dispositions en la matière qui doivent être mises en œuvre par les branches professionnelles.*

Nous n'avons pas attendu que le tourisme devienne une grande cause nationale pour procéder à ces améliorations. Cela fait quinze ans que la profession se modernise. Le problème réside surtout dans la contrainte absurde de travailler seulement 35 heures par semaine.

26/ Mettre en place à la rentrée 2015 un baccalauréat technologique hôtellerie-restauration qui permettra des poursuites d'études dans tous les secteurs de l'hôtellerie, de la restauration et du tourisme. *La pratique des langues étrangères sera par ailleurs davantage valorisée dans les classements hôteliers.*

C'est une bonne idée. Il faudra juste préciser aux futurs bacheliers que l'hôtellerie et la restauration sont des secteurs d'activité exigeant beaucoup de travail mais, comme je l'ai déjà dit, où l'on peut gravir rapidement les échelons. Nous avons changé d'époque mais les métiers de service sont quoi qu'il arrive des métiers de présence et on ne pourra rivaliser avec les nouvelles destinations touristiques sans admettre qu'il faut un temps de disponibilité élevé.

27/ Développer des vacances accessibles pour tous :

- *L'Agence nationale des chèques vacances mettra en place un portail destiné aux ménages modestes afin de les accompagner dans la préparation de leur projet (lieu, contenu, forme, durée, budget). Il leur sera proposé une sélection d'offres abordables à tarifs préférentiels élaborée par les opérateurs partenaires, commerciaux ou associatifs.*

- *Un fonds « tourisme social investissement », doté de 75 millions d'euros et capable d'intervenir en fonds propres, est mis en place. Il permettra la rénovation du patrimoine du tourisme social, en liaison avec la Caisse des dépôts, l'Ircantec et l'Agence nationale des chèques vacances.*

28/ Simplifier les normes applicables aux professionnels du tourisme. *Une ordonnance de simplification des normes comportant un volet tourisme sera prise à l'automne 2014. Elle portera sur :*

- *la numérisation/dématérialisation de certaines procédures comme la déclaration d'ouverture des piscines, l'inscription au registre du transport de personnes pour les navettes aéroports, etc.*
- *la réglementation sur l'affichage des prix dans les hôtels ;*
- *la simplification des règles d'urbanisme, etc.*

Plutôt que de prôner le 100 % PMR (Personnes à mobilité réduite), nous devrions nous concentrer sur l'accessibilité aux sites. Aujourd'hui, la rigidité des instances freine l'investissement car les normes réclament plus d'espace que les constructions historiques.

29/ Étendre les années croisées au tourisme*. Ces échanges culturels entre la France et un pays partenaire sont pratiqués avec succès. Ils seront désormais accompagnés d'un « volet tourisme ».*

30/ Inscrire la priorité du tourisme dans la durée *: sera mis en place un Conseil de la promotion du tourisme. Il sera chargé de définir, en concertation avec les acteurs concernés, un Plan tourisme pour 2020. Une conférence annuelle du tourisme sera organisée. La prochaine aura lieu au second semestre 2015.*

Ces décisions doivent être accompagnées partout d'un effort collectif constant pour améliorer l'accueil que nous réservons aux touristes et populariser cette notion. C'est une démarche positive, pour le secteur comme pour l'image de notre pays. Dans cette optique, France Télévisions a été chargé de lancer un challenge de l'accueil dans le cadre de l'émission « Midi en France ». Ce projet débutera en septembre.

C'est une excellente idée de médiatiser nos métiers. La télé-réalité a remis en lumière le métier de cuisinier et l'a « glamourisé ». Nous pouvons légitimement faire la même chose avec les métiers de service dans leur ensemble.

Des paroles aux actes

On ne doit pas refréner notre enthousiasme de voir ces mesures concrètes inscrites dans le marbre. Depuis que le Tourisme est sous la tutelle du Quai d'Orsay, un véritable dynamisme souffle sur nos métiers. C'est formidable ! Disons-le. En dix-huit mois, nous avons davantage parlé du Tourisme que sur les quinze dernières années.

Le 8 octobre 2015, lors de la 1er Conférence annuelle du Tourisme, j'ai été convié à m'exprimer sur mon parcours et le potentiel que représentait l'Œnotourisme dans notre pays. J'ai pu constater avec joie que la conviction de Laurent Fabius et de son équipe avait généré un intérêt et des promesses d'engagements.

Au-delà des quatre axes d'amélioration annoncés en 2014 (Accueil, Formation, Investissement et Numérique), il était fait état de trois tendances fondamentales à suivre pour notre industrie :

- La compétition : il était enfin exprimé clairement que notre industrie était concurrentielle et que nous ne pouvions nous reposer sur notre patrimoine exceptionnel mais délaissé.
- La diversification : l'authenticité de nos produits, de nos régions est une force qu'il faut préserver

et valoriser. Mais il s'agit aussi de proposer des thématiques distinctes et variées : gastronomie, œnotourisme, écotourisme, mémoire, croisières, tourisme nocturne, artisanal, sportif.
— La numérisation : notre industrie rencontre un phénomène inconnu jusqu'alors. Les clients deviennent des médias. Avant, pendant et après leur séjour, ils participent par le numérique à la réputation d'un établissement recevant du public.

L'annonce majeure de cette conférence est la mobilisation de près d'un milliard d'euros sur cinq ans pour le Tourisme. En effet, la Caisse des dépôts et consignations pilotera la levée des fonds et leur répartition. Le premier volet du dispositif sera la création d'une foncière de 500 millions d'euros consacrée à la rénovation et à la construction d'infrastructures hôtelières. La mise de fonds initiale de la CDC sera comprise entre 100 millions et 150 millions d'euros, et la Caisse espère attirer les investisseurs institutionnels de manière à atteindre 500 millions d'euros.

Il s'agit ensuite de financer les territoires et leurs équipements touristiques, à l'aide d'un fonds doté de 400 millions.

Enfin, un fonds de capital-développement sera créé par la Banque publique d'investissement (Bpifrance) pour les petites et moyennes entreprises de la filière, notamment des secteurs de l'innovation et de l'e-tourisme, et sera doté de 100 millions d'euros.

En outre, l'annonce de l'inscription du tourisme au Programme d'investissements d'avenir (PIA) est un signe encore plus fort. Notre filière fait donc partie des priorités de notre nation au même titre que l'enseignement et la formation. La prise de conscience s'est traduite en annonces d'une importance inédite.

Laurent Fabius a conclu cette conférence du Tourisme en évoquant « un trésor national » et en invitant les acteurs de notre industrie à construire un « avenir touristique à la hauteur de nos atouts – c'est-à-dire un avenir exceptionnel ».

La compétition est rude et il faut frapper fort, agir vite. Ce ne sera pas le plus facile. Pour preuve, alors que le gouvernement affichait une volonté évidente de faire avancer les choses, les parlementaires de son camp, eux, votaient, en juin 2014, une augmentation de la taxe de séjour qui prenait tout le monde de court et provoquait la colère des hôteliers. On n'avance bien qu'en ordre serré.

Il faut se féliciter de ces mesures concrètes, de ce plan de route collectif et de ces leviers d'investissements. Le Quai d'Orsay n'investira pas dans des infrastructures touristiques. C'est aux entrepreneurs de saisir cette opportunité historique pour notre pays. L'initiative privée doit prendre le relais sans arrière-pensée.

Alexis de Tocqueville nous décrivait déjà ainsi :

« Les Français comptent toujours pour se sauver en un pouvoir qu'ils détestent, mais se sauver par eux-mêmes est la dernière chose à laquelle ils pensent. »

C'est bien de nous sauver par nous-mêmes qu'il s'agit.

Atout France

Un opérateur unique. Nous l'attendions tous. L'agence Atout France est née en 2009 avec pour ambition de coordonner une politique touristique efficiente, tant en France qu'à l'étranger. C'était un vrai premier pas dans le bon sens, avant même que le tourisme ne devienne une grande cause nationale et que le Quai d'Orsay ne prenne les choses en mains. Même si la cohérence semble encore comme un Graal inatteignable.

Sur le papier, la mission de l'agence a de quoi séduire. Son cahier des charges précise qu'elle doit « accompagner les Offices du tourisme des grandes villes, les Comités régionaux et départementaux du tourisme ainsi que plus de 800 entreprises privées dans leurs opérations de marketing ou de promotion en France et à l'étranger ». On peut regretter qu'il n'y ait pas eu, depuis plus de cinq ans, un effort de simplification au niveau local afin d'éviter à cette agence d'avoir de multiples interlocuteurs représentant un seul et même territoire. La simplification – j'insiste – étant un gage d'efficacité, de rapidité de décision et d'exécution. Elle doit aussi concerner la gouvernance d'Atout France qui se bat avec ses armes et ses contraintes. Alors que Brand USA (l'équivalent américain de cet organisme de promotion) compte dix représentants à son conseil d'administration, cinq issus de l'administration fédérale, cinq issus de la société civile, en France, il y a trente administrateurs dont seulement quatre issus du monde de l'entreprise! Et ils sont nommés par le ministre de tutelle.

On peut mettre au crédit d'Atout France quelques réussites. À commencer par le nouveau classement hôtelier. Il s'agit d'une petite révolution mais une révolution nécessaire. Il était devenu impératif de se mettre au diapason du reste du monde où, jusqu'alors, notre classement n'était pas toujours compris par les professionnels étrangers[1]. « Certaines normes avaient été fixées il y a plus de vingt-cinq ans, en 1986. Il était temps de les modifier en profondeur, afin de proposer à l'ensemble de nos visiteurs une offre d'hôtellerie nouvelle génération[2] », avait expliqué à l'époque Christian Mantei, le directeur général

----

1. *Notamment l'instauration d'une 5ᵉ étoile pour avoir une échelle comparable à celle de nombreux pays et de nouveaux critères de classement fondés davantage sur le service rendu que sur la surface et l'équipement.*

2. *In* Le Monde *du 03/07/2012.*

d'Atout France. Les critères étaient donc devenus obsolètes, les classements vieillots ne correspondaient plus à la réalité. De même, fallait-il réformer la procédure de classification dans laquelle l'État jouait un rôle trop important.

Désormais, des organismes accrédités par le COFRAC[1] sont chargés des visites dans les établissements. De son côté, Atout France élabore et actualise les normes avec des catégories classées de une à cinq étoiles auxquelles s'ajoute une distinction « Palace » pour les hôtels les plus prestigieux. On s'en doute, l'État n'a pas disparu, il valide la procédure et attribue le classement limité à une durée de cinq ans.

Hier, il fallait satisfaire à une trentaine de critères pour se voir attribuer un classement contre 246 aujourd'hui. Exemple : si un hôtelier est candidat à l'attribution d'une étoile, son établissement doit présenter un extérieur propre et en bon état, un hall chauffé d'au moins 20 m², des chambres avec prises de courant, une literie de qualité et un personnel « à la tenue et la présentation propres et soignées, aimable à l'accueil et à la prise de congé ».

Pour espérer être classé, le directeur d'un hôtel, d'un camping ou d'un village vacances fait un premier diagnostic avant de demander à un cabinet d'audit de vérifier ses dires. À partir de la quatrième étoile,

---

1. *Comité français d'accréditation.*

la visite – obligatoire – de l'établissement est effectuée par un « client mystère ». À mes yeux, ce dernier point est une garantie fondamentale.

Là où le bât blesse, c'est que les critères de ce nouveau classement sont trop techniques et ne prennent pas assez en compte la décoration, le cachet ou l'ambiance d'un établissement. Résultat, ce sont des sites comme Tripadvisor ou Hotels.com qui s'en chargent en publiant les commentaires de clients ou des photos de leurs séjours. Des évaluations pour le moins aléatoires, car personne ne connaît les véritables intentions de ces critiques occasionnels. Qui peut affirmer qu'ils n'agissent pas pour la concurrence en publiant des avis négatifs ? Cela s'est déjà vu.

En attendant, que dire de cette réforme cinq ans après son lancement ? Au total, début 2014, plus de 4 900 hôtels sur les 18 000 existants n'étaient pas classés. Pas forcément des établissements bas de gamme n'ayant pas satisfait aux nouvelles normes ; on y trouve autant d'hôtels sur le point de mettre la clé sous la porte ou d'être vendus que des hôtels de qualité n'ayant tout simplement pas souhaité être passés au tamis de peur d'échouer à ce qui peut s'apparenter à un examen de passage. D'autres estiment que les étoiles ne sont plus aussi déterminantes ou, pour les établissements les plus modestes, que la procédure a un coût élevé – entre 500 et 1 000 euros pour les services du cabinet d'audit.

À la même date, selon Coach Omnium[1], 57 % des hôtels classés l'étaient de 3 à 5 étoiles contre seulement 19 % en 1995 et plus de six hôteliers sur dix avaient demandé et obtenu une étoile supplémentaire. Toujours selon Coach Omnium : « Cela s'est fait sans enrichir les prestations avec l'espoir secret de pouvoir relever leurs tarifs, ce qui n'a pas été possible en raison de la situation économique. » C'est l'autre bémol de cette réforme.

Cela a-t-il changé la perception des étrangers sur notre parc hôtelier ? Apparemment pas. À en croire plusieurs études, le prix reste un critère plus révélateur que les étoiles pour plus de 70 % des clients. On peut donc en conclure qu'un établissement proposant un bon produit peut aisément trouver des clients qu'il ait ou pas d'étoiles.

Enfin, les touristes étrangers (36 % de la demande avec 72 millions de nuitées) se tournent davantage vers les hôtels affichant de 3 à 5 étoiles. Des étrangers majoritairement britanniques, américains et allemands. Les Chinois, comme les Russes, ne représentant que 1,2 % de cette clientèle étrangère.

---

1. *http: //www.coachomnium.com/bonus/89-panorama-de-lhotellerie-en-france.html. Coach Omnium est une société spécialisée dans le tourisme, l'hôtellerie, la restauration, les spas et les loisirs et qui publie des études marketing et économiques, des audits et des enquêtes de consommateurs et des baromètres conjoncturels.*

Le nerf de la guerre…

Ce serait être mauvais coucheur et faire preuve de mauvaise foi de ne pas reconnaître que l'arrivée de Laurent Fabius, plus que jamais grand patron du tourisme, a insufflé un esprit de conquête au marché français du tourisme. Et il en manquait cruellement jusqu'alors. Fin août 2014, j'ai été heureux d'entendre le ministre des Affaires étrangères présenter le tourisme comme l'un des cinq piliers de la feuille de route des ambassadeurs «dans le cadre du redressement économique de la France». Et si le corps diplomatique a été bousculé, l'agence Atout France l'a été également en voyant le nombre de ses actions de promotion bondir de 25 % en un an – 3 000 devaient avoir lieu en 2015. Idem pour le nombre de pays dans lesquels Atout France mène des opérations, passant de 54 à 70. Rien que de bonnes nouvelles… sur le papier !

On a beau dire, on a beau faire, le nerf de la guerre est et sera toujours le même : l'argent. Le budget d'Atout France – réduction des dépenses publiques oblige – n'a pas augmenté en 2015 avec une trentaine de millions d'euros de subventions de l'État sur un budget total de 76 millions[1]. Pour comparaison, en

---

1. *Atout France est un organisme mi-public mi-privé, constitué en groupement d'intérêt économique (GIE). Son siège parisien comprend sept directions employant 150 collaborateurs. Un réseau de 36 bureaux répartis dans 32 pays assure la représentation de l'agence à l'étranger.*

Espagne, le budget que consacre la région andalouse à sa propre promotion touristique est de 90 millions! L'opérateur Atout France sera renforcé pour la période 2016-2019. Il sera question de moderniser ce GIE et d'y intégrer le Conseil de promotion du tourisme. On peut donc espérer un acteur unique de promotion pour la France plus autonome et moins dépendant des comités départementaux et des offices de tourisme locaux.

France.fr

Le nom de domaine www.france.fr servira désormais les intérêts du tourisme. En effet, cette adresse a été affectée au Quai d'Orsay. Ce site traduit en dix-sept langues remplace avantageusement « rendez-vous en France ». À l'heure de la simplification de notre offre, c'est une facilité supplémentaire pour la promotion de notre pays. C'est aussi une décision stratégique forte puisque, dans un environnement numérique très concurrentiel, cela améliorera la visibilité de la destination France.

Goût de France

En mars 2015, les ambassadeurs de France à l'étranger ont été mis à contribution au service de notre gastronomie. En effet, partout dans le monde, les restaurants ont célébré la cuisine française autour d'événements ou de menus dédiés. Une idée astucieuse qui a eu le mérite de montrer plusieurs choses. Tout d'abord que les chefs français à l'étranger sont des ambassadeurs de notre gastronomie, que beaucoup de chefs étrangers rendent grâce à notre formation et notre culture culinaire et enfin que nous disposons d'un outil diplomatique précieux en étant en mesure d'accueillir autour d'une table. Nous parlons beaucoup du fond de nos enjeux mais il existe à coup sûr une opportunité dans la manière de parler de notre tourisme, de le mettre en avant. Cette question de forme ne coûte rien et peut être mise en œuvre immédiatement et par tous les acteurs. Cette opération est symptomatique d'une volonté nouvelle de nous rendre de nouveau fiers de ce que nous produisons et faisons. La forme sera le point de départ, j'en suis sûr, d'un nouvel esprit de conquête.

Les contrats de destination

Objectif de ces contrats : «Agir ensemble pour atteindre le même objectif de développement, autour d'une stratégie partagée et coordonnée, d'une marque à notoriété internationale et d'un plan d'action mutualisé réunissant les acteurs clés d'une destination.» Autrement dit, tous les acteurs du tourisme sur une destination donnée sont mobilisés autour d'un projet unique et sur plusieurs années, qu'il s'agisse de ceux liés au transport, à l'hébergement, à la restauration, aux activités de loisir ou culturelles, à la promotion, l'information ou l'accueil. On ne peut qu'adhérer à ce type de démarches, de projets capables de dynamiser certaines régions qui se reposent sur leurs lauriers ou ronronnent douillettement au risque de sombrer dans le néant !

D'accord sur le fond mais inquiet sur la forme quand on fait le décompte du nombre d'intervenants appelés à signer ces contrats. Une véritable armée mexicaine, entre les collectivités territoriales (Conseil régional, Conseil général, etc.), l'inévitable trio du tourisme local (CRT, CDT et Offices de tourisme), les gestionnaires d'infrastructures de transit *(sic)*, les opérateurs de transport, les acteurs de l'hébergement et j'en passe… Je crains à nouveau que cette pléthore d'intervenants ne nuise, à terme, à l'efficacité de tous ces projets.

Deux exemples de contrats

C'est dans les vieux pots, dit-on, qu'on fait les meilleures confitures. Fort de cet adage, le ministère des Affaires étrangères, à qui revient de sélectionner les contrats de destination, n'a pris aucun risque en arrêtant son choix sur le projet « Lyon et Paul Bocuse fêtent 50 ans d'excellence gastronomique». J'ai dit plus haut qu'il fallait vendre une «histoire» aux touristes. Il est indéniable que la vie et l'itinéraire du précurseur de la nouvelle cuisine, trois étoiles au Michelin depuis 1965, désigné «cuisinier du siècle» par Gault et Millau et «pape de la gastronomie», en 1989, puis «chef du siècle», en 2011, par The Culinary Institute of America, peut être le personnage central de cette histoire qui se déroule dans la capitale des Gaules et de la gastronomie. Objectif : installer Lyon comme la destination culinaire incontournable en France et en Europe.

La campagne de promotion, comme pour chaque contrat de destination, va s'étaler sur trois ans et ciblera tant le grand public que les médias et les professionnels du tourisme.

J'ai évidemment le plus grand respect pour Paul Bocuse à qui la cuisine française doit tant. Oui, il appartient pleinement à notre histoire, à notre culture et à notre patrimoine. Bocuse est un monument! Il n'y a pas à revenir sur ce point. Mais représente-t-il pour autant l'avenir? Pourquoi ne pas imaginer un projet mettant en avant de jeunes talents? Pourquoi ne pas vendre l'innovation, l'invention, la création à la française comme le font les Danois? Place aux jeunes dans le respect de nos maîtres et sans qu'il soit besoin de déclencher une nouvelle guerre des Anciens contre les modernes.

Second exemple de contrat : «Normandie-Paris Île-de-France : destination impressionnisme.» Cette fois, vous l'aurez compris, il ne s'agit plus de cuisine ou d'art culinaire mais de peinture. Trois régions sont concernées : l'Île-de-France, la Haute-Normandie et la Basse-Normandie réunies autour de l'impressionnisme, «un des étendards de la destination France». Plusieurs musées sont mobilisés, ceux d'Orsay et de Montmartre à Paris, ceux d'Auvers-sur-Oise, de Barbizon, de Giverny, d'Honfleur, de Caen, de Dieppe, de Rouen et du Havre en Normandie. *Leitmotiv* officiel : «Le contrat de destination va permettre de renforcer la visibilité et le rayonnement à l'international de la destination Paris-Île-de-France, au-delà de ses frontières administratives.» Soit. Je serais le premier ravi d'accueillir des amoureux de la peinture impressionniste aux Étangs de Corot! Mais, tout cela ressemble à une usine à gaz, à un fourre-tout imaginé à la va-vite par des fonctionnaires en mal d'imagination qui ont lié artificiellement l'Île-de-France et la Normandie. Il y avait probablement d'autres pistes à explorer, d'autres «histoires» à raconter, plus actuelles, davantage tournées vers l'avenir.

Pour autant, cette piste du contrat de destination est la bonne. Ces deux exemples démontrent, en effet, que nous sommes capables de capitaliser sur notre patrimoine historique et culturel. C'est aussi pour cela que les étrangers nous apprécient et veulent nous rendre visite.

Le label « Fait maison »

Vinaigrette industrielle en vaporisateur ? Salade sous vide incolore et inodore ? Purée déshydratée ? Desserts de grandes surfaces ? Depuis le 15 juillet 2014, les restaurateurs qui servaient cette pitance concoctée par les docteurs Mabuse de l'industrie agroalimentaire ne pouvaient plus coller sur leurs devantures le label « Fait maison » – un toit posé sur une casserole – censé garantir une cuisine faite sur place à partir de « produits bruts ou de produits traditionnels de cuisine ». Une décision judicieuse quand on sait que plus de 80 % des restaurants français pratiquent une cuisine dite d'assemblage. 80 % ! À en rougir de honte au pays de la gastronomie.

Mais ce label n'aura pas eu le temps d'entrer dans les mœurs des consommateurs. L'encre des vignettes n'avait pas encore séché qu'il était revu et corrigé. Ainsi, depuis le 7 mai 2015, la mention « Fait maison » concerne un « plat entièrement cuisiné sur place et à partir de produits crus », alors que la version précédente incluait tous les produits industriels précuits, notamment les fruits et légumes sous vide et surgelés qui entraient dans la composition des plats servis par les restaurateurs. Depuis, donc, ces ingrédients devront être crus pour que le plat soit estampillé « Fait maison ». Une exception, cependant : les produits dont le consommateur ne s'attend pas à ce qu'ils soient préparés sur place – le pain, les pâtes ou les fromages – pourront intégrer la composition d'un plat « Fait maison ».

Une décision administrative faisant rarement l'unanimité, celle-ci n'a pas dérogé à la règle. Certains restaurateurs se sont, en effet, inquiétés de la contrainte économique que supposait le respect de ce label. Inquiétude que relayait Didier Chenet, président du syndicat Synhorcat. Selon lui « très peu de restaurateurs ont les moyens d'embaucher un commis pour s'occuper uniquement d'éplucher les fruits et légumes ». Ah! Le coût du travail…

Pour ma part, j'espère seulement que les clients, français et étrangers, seront vite informés sur la signification de ce que recouvre ce label « Fait maison » : ici, la cuisine est meilleure qu'à côté et pas forcément plus chère, elle ne vient pas des mêmes « usines à bouffe » qui inondent la planète de leur camelote insipide. On pourrait y ajouter ce message : moi, touriste étranger, je viens en France pour découvrir cette cuisine dont on m'a tant parlé, la grande et celle de tous les jours.

Cela dit, et sans vouloir faire preuve de mauvais esprit, je regrette que l'on n'ait pas retenu cet autre projet qui consistait à ne nommer « restaurant » que les établissements où l'on prépare les plats sur place. Cela aurait été plus simple. Mais il semble que cette réforme soit venue télescoper l'initiative de plusieurs de nos grands chefs – Ducasse, Bocuse, Robuchon, Troisgros, etc. – qui, eux, proposaient, en 2013, le label «Restaurant de qualité». Ce type de conflit entre initiative publique et privée n'est pas rare dans notre industrie malheureusement.

Mais ne gâchons pas notre plaisir. Ce label «Fait maison» constitue une note d'espoir, une piste d'avenir dans un maelström de mauvaises nouvelles. Après quarante ans de cette logique alimentaire du «moins cher possible», on peut enfin espérer que, demain, la logique de «la bonne qualité à bon prix» prévaudra. C'est tout l'enjeu qui est devant nous. Que chacun apprenne à profiter du fait que la France est un pays agricole. Il en va de la responsabilité des patrons de restaurants qui sont autant de chefs d'entreprise responsables. Trop d'établissements se complaisent dans la facilité de l'industriel, du «tout-prêt-pas-cher». Il revient à chacun de ne pas tromper ses clients, de leur faire une offre équilibrée.

C'est pour cette raison qu'il faut féliciter et encourager ceux qui ont depuis longtemps fait ce choix d'une cuisine de produits frais abordable. Je pense notamment aux deux bistrots Racines, à Paris, qui proposent de «vrais vins nature» et des «produits bichonnés aux petits oignons». J'ai pu constater par moi-même qu'il ne s'agissait pas d'une publicité mensongère et que les salles étaient pleines. La qualité laisse rarement indifférent. Je pense aussi au Semilla avec ses murs de briques à la chaux, sa cuisine ouverte opérant sous les yeux des clients ; les touristes américains s'y pressent dès 19 h 30. Ce n'est pas un hasard, car là aussi on y trouve de bons produits bien présentés et bien cuisinés avec un personnel jeune et souriant. Le meilleur ouvrier de France en cuisine, Éric Trochon a même profité de son succès pour ouvrir un comptoir Freddy's à côté du restaurant. La qualité accessible pour tous les prix même s'ils restent ceux de la qualité. La province n'est pas en reste, notamment à Bordeaux avec La Brasserie Bordelaise de Nicolas Lascombes qui a fait le pari de la qualité plutôt que de la quantité. Ajoutez-y un accueil chaleureux et vous aurez la recette pour attirer du monde.

Comme le critique gastronomique Périco Légasse, je crois que « l'instant de table est fondateur de notre civilisation [...] À ce moment de l'année, dit-il dans un entretien au *Figaro Vox* à la veille des fêtes de fin d'année[1], la communication pro-surconsommation pousse les gens à ingurgiter des produits à consonance luxueuse avec les mots "foie gras" ou "saumon fumé", issus pour la plupart de l'industrie agro-alimentaire et qui ne correspondent pas à ce que sont ces produits à l'origine. La publicité donne l'illusion aux masses de manger comme les riches et la grande distribution met à la disposition de cette clientèle désabusée des millions de tonnes de cochonneries qui portent le

---

1. *In* Figaro Vox *du 14/12/14.*

nom de "foie gras", de "saumon fumé" et de "chocolat", mais qui n'en sont pas!» Ces propos illustrent parfaitement le chemin que nous devons emprunter pour redonner du sens à nos tables, à notre cuisine et par là même retrouver un accent de vérité qui ne manquera pas de séduire les touristes.

Des métiers qui évoluent

Remercions la télé-réalité. Enfin, pas n'importe laquelle. Je veux parler d'une émission comme *Top Chef* qui a permis d'offrir une perception nouvelle de nos métiers. Est-ce un hasard si Laurent Fabius souhaite qu'on en consacre une aux métiers de service? J'en rêve. On verrait enfin qu'être serviable, savoir sourire, n'a rien de commun avec l'esclavage ni l'obséquiosité.

Oui, le travail a changé dans les hôtels, les cuisines ou les salles de restaurants. En l'espace d'une quinzaine d'années, le côté artistique a pris de l'ampleur, particulièrement grâce aux femmes qui ont investi avec bonheur ce milieu trop longtemps masculin. Et puis, dans le même temps, la législation a évolué, s'est modernisée, les salaires minimum ont augmenté de même que le nombre de jours de congés : sept semaines par an contre une demi-journée par semaine.

Je l'ai déjà dit, nos métiers sont des métiers exigeants où l'on ne doit pas compter sa peine pour gravir les échelons. Mais on les gravit à coup sûr. Les jeunes – encore trop peu nombreux – qui travaillent dans l'industrie du tourisme sont des héros. Ils ont résisté au lavage de cerveau intensif de la génération « 35 heures ». Ils ont échappé à cet état d'esprit déplorable qui consiste à dire que ce n'est pas en travaillant plus qu'on gagnera plus. Oui, des héros, malgré la situation que connaît notre pays. Comme tout le monde, ils sont souvent découragés mais sont fidèles au poste. Il faut les remercier de cet engagement. Les remercier de rester en France. Tâchons, nous aussi, de les retenir. Après tout, le bateau continue de flotter, le gouvernail n'est pas encore cassé et il est toujours temps d'éviter l'iceberg. C'est aussi l'espérance en un avenir radieux.

Aux Sources de Caudalie, nous sommes partis d'une « page blanche ». J'ai eu l'opportunité de faire confiance à des jeunes gens et, modestement, de les aider à transformer leur talent en succès. Ainsi dans notre entreprise, les cadres ont entre quarante et cinquante ans et les agents de maîtrise autour de la trentaine. La valeur n'attend pas le nombre des années. J'ai appliqué auprès des gens de ma génération des « recettes » de ma génération. Réciprocité. J'essaie de leur rendre ce qu'ils donnent. Très tôt, nous les avons placés au début de la chaîne de valeur et ils mesurent à quel point rendre les clients heureux est bénéfique pour eux. Il s'agit de mûrir sans oublier ce plaisir de nos clients, sans se laisser gagner par la lassitude.

5.

LE TOURISME : DES HOMMES ET DES IDÉES POUR L'AVENIR

Tout le monde est d'accord, au moins sur un point : le tourisme est un enjeu vital pour la France, une source de croissance alors que les perspectives économiques sont par ailleurs pessimistes. François Hollande lui-même, lors d'une visite au château de Chambord en décembre 2014, déclarait qu'il ne fallait pas du tout regarder le tourisme comme un secteur d'hier mais comme une activité de demain qui allait mobiliser beaucoup de nouvelles technologies, beaucoup d'industries nouvelles, qu'il s'agisse de l'hôtellerie, de la gastronomie ou des métiers d'art : « Nous avons tout avantage à faire que le tourisme soit notre pétrole, même si le prix du pétrole baisse et que le prix du tourisme va monter [...]. Le tourisme est l'une de nos principales industries.» Saluons cette prise de conscience même si ce n'est encore qu'une déclaration d'intention. Il reste à marquer l'essai et surtout à le transformer grâce notamment aux annonces récentes. J'ai eu l'occasion de revoir le président de la République en septembre 2015 à l'occasion du «Déjeuner des ambassadeurs». Cet événement est organisé pour promouvoir la gastronomie française auprès des ambassadeurs étrangers en France et inciter les ambassadeurs de France à l'étranger à s'en servir comme d'un outil. La présence du chef de l'État à ce rassemblement est un signe fort de la considération nouvelle pour l'arme économique et diplomatique que représente notre art de vivre.

On est à peine surpris lorsque l'Organisation mondiale du tourisme (OMT) annonce qu'avec 12 % du PIB mondial, le tourisme est devenu la première industrie au monde qui emploierait quelque 200 millions de personnes. Comme je l'ai déjà précisé plus haut, en France, depuis une vingtaine d'années, le tourisme est le premier poste excédentaire de la balance des paiements et environ le double de celui des industries agroalimentaires, cet autre secteur dans lequel notre pays brille encore.

Les perspectives sont elles aussi des plus encourageantes puisque, toujours selon l'OMT, l'évolution des flux touristiques internationaux devrait connaître une croissance annuelle moyenne de 4 % d'ici à 2020, soit une augmentation, sur les cinq prochaines années, de 50 % du nombre de touristes par rapport au milliard que nous connaissons actuellement. À l'horizon 2030, la France pourrait donc accueillir jusqu'à 140 millions de visiteurs – contre 85 millions aujourd'hui – lesquels, je le répète, sont autant de devises et de créations d'emplois « non délocalisables » dans un pays sclérosé par le chômage.

Cette croissance, si alléchante soit-elle, ne touchera pas tous les pays de la même façon. Ceux qui en bénéficieront le plus seront les pays d'Asie et du Moyen-Orient avec des taux de croissance supérieurs à 6 %. D'évidence, la France ne doit pas laisser échapper cette chance. Elle est à sa portée et ne se représentera pas deux fois. Il ne s'agit pas seulement de maintenir sa part de marché mondial mais d'aller au-delà. Bien au-delà. Elle en a les moyens. Mais il ne faut pas rester les pieds bloqués dans les starting-blocks ainsi que le constatait l'Institut Montaigne dans un récent rapport[1] : « La France risque de perdre cette position de leader naturel si l'on n'agit pas dès aujourd'hui : de nombreux pays poursuivent des stratégies touristiques ambitieuses voire agressives. Les États-Unis en font une cause nationale et visent la première place en 2020. L'Espagne reste un challenger crédible. Des villes comme Londres, New York ou Dubaï sont plus dynamiques et attractives que

____

1. *Institut Montaigne, juin 2014. « Rester le leader mondial du tourisme, un enjeu vital pour la France. »*

jamais.» Le fait que Paris ait cédé la première place à Londres au titre de la ville la plus visitée du monde doit nous alerter sur la compétition qui s'est engagée.

Première cible : l'emploi

Deux millions. C'est le nombre d'emplois liés au tourisme en France. C'est dire l'importance que représente notre secteur dans l'économie française – 7 % du PIB, rappelons-le. Un secteur riche d'activités variées, où l'on compte près de 230 000 entreprises. On y trouve à la fois l'hôtellerie et la restauration, les voyages, l'animation territoriale et le tourisme professionnel.

Avec 5 % de croissance par an – une croissance quasi continue depuis cinquante ans –, le tourisme, en France, pourrait générer 100 000 emplois chaque année! Ainsi, de 2000 à 2010, même si l'hôtellerie a marqué le pas, l'emploi salarié s'est accru de 15 %, principalement dans la restauration traditionnelle (+38 %), à l'exception des années 2008 et 2009, années de crise économique marquées par une stagnation[1]. Ces chiffres ne m'étonnent pas. Rien qu'aux Sources de Caudalie nous avons recruté 130 personnes en CDI en l'espace de sept ans.

---

1. *Rapport Nogue, 2013 : Le tourisme, filière d'avenir. Développer l'emploi dans le tourisme.*

Ce n'est pas dans une boule de cristal que l'on va décrypter les besoins futurs du tourisme. Mais il y a des tendances lourdes qui permettent de s'en faire une idée assez précise. On sait, par exemple, que 50 % des salariés sont employés dans la restauration traditionnelle, 25 % dans l'hôtellerie et 13 % dans la restauration collective. On sait également que 50 % des salariés se concentrent dans les trois régions d'Ile-de-France, de Rhône-Alpes et de PACA. Précisons, enfin, que notre territoire peut être divisé en quatre types d'espaces : le littoral, la montagne, le rural et l'urbain. Sans surprise, c'est dans l'espace urbain que l'on trouve le plus grand nombre d'emplois liés au tourisme (49 %), suivi du littoral (22,5 %), puis du rural et de la montagne. À cet emploi « salarié » il faut ajouter l'emploi « saisonnier ». Il n'est pas négligeable. On l'évalue généralement à 700 000 dans le secteur de l'hôtellerie-restauration[1].

Le tourisme a cette particularité d'offrir une palette extrêmement variée de métiers qui vont de la restauration (cuisine et service en salle) à ceux liés à l'organisation de voyages ou à la promotion et au développement des territoires, en passant par les métiers du management, de l'accueil ou encore

---

1. *Source DADS (Déclaration automatisée des données sociales), Étude Fafih-Observatoire des métiers ; traitement Céreq (Centre d'études et de recherches sur les qualifications).*

ceux liés aux loisirs et à l'animation. Autrement dit, une foule d'activités nécessitant le recrutement de professionnels dûment formés pour répondre à une demande exponentielle. Il faut donc s'y préparer.

Si de nombreux métiers restent à inventer, la plupart de ceux que nous connaissons aujourd'hui existeront encore dans les années à venir mais ils vont devoir évoluer. C'est le cas des métiers de l'accueil pour lesquels, plus particulièrement en France, il faudra soigner la relation avec les clients, notamment par la maîtrise des langues étrangères. Et puis il y a les métiers qui apparaîtront au fur et à mesure des changements et de l'évolution de nos sociétés. Ce sera le cas, à n'en pas douter, dans les domaines du développement durable et de l'environnement. J'y reviendrai.

Ceux qui ont compris la mesure de cet enjeu sont heureusement de plus en plus nombreux et n'ont pas attendu le réveil de l'administration pour être au rendez-vous. C'est le cas de La Rochelle Business School of Tourism (groupe Sup de Co La Rochelle), dont le directeur, Victor Gervasoni, rappelle que le tourisme, secteur en pleine mutation, est appelé à devenir la première industrie mondiale dans la prochaine décennie. «On estime, explique-t-il, que 50 % des métiers nécessaire dans vingt ans n'existent pas encore. Tout l'enjeu est donc de former des étudiants pour qu'ils soient employables à court terme, en leur donnant les connaissances et les outils techniques nécessaires, mais aussi à moyen terme en leur apprenant à s'adapter aux évolutions futures. Pour cela, nous avons développé des cursus à bac + 3 et bac + 5, offrant une solide culture générale, ouverts sur le monde par le biais des séjours à l'étranger et de la présence d'étudiants étrangers grâce aux programmes anglophones, et axés sur une forte professionnalisation (douze mois cumulés sur le terrain en *Bachelor*). Par ailleurs, nous nous appuyons sur la recherche pour être à l'écoute des nouvelles tendances comme l'éco-tourisme ou le tourisme solidaire. À la fin, 85 % des diplômés du *Bachelor* trouvent un emploi dans les deux mois, et 87 % des MBA dans les quatre mois[1]. »

Le tourisme offre donc d'immenses perspectives et reste accessible à tous les niveaux de qualifications, qu'il s'agisse de diplômes universitaires, de CAP[2] ou de CQP[3], l'un et l'autre très demandés dans la majorité des métiers de l'hôtellerie et de la restauration. Cela dit, il reste encore beaucoup de pistes à explorer, en matière de formation.

Ce n'est pas un hasard si les professionnels se plaignent souvent d'un manque de compétences dans des domaines comme le service, qu'il s'agisse du service en salle ou de certains comportements vis-à-vis

---

1. *In http ://www.studyrama.com*

2. *Certificat d'aptitude professionnelle*

3. *Certificat de qualification professionnelle*

des clients. Il faut dire que ces métiers sont rarement présentés de façon attractive. Même constat en ce qui concerne les langues vivantes, plus spécialement l'anglais, mais aussi l'utilisation des NTIC, les nouvelles technologies de l'information et de la communication, incontournables dans la gestion d'une entreprise. Cela concerne les logiciels de réservation, de comptabilité, de gestion des stocks ou de surveillance centralisée des équipements...

La formation est donc bien l'un des points cruciaux qui permettra d'aborder les années à venir de la meilleure façon, en mettant toutes les chances de notre côté. Bien entendu, cette formation doit correspondre précisément aux caractéristiques de nos métiers. Il faut éviter comme la peste les généralités et envisager une formation entièrement dédiée à nos spécificités.

Parmi toutes les formations existantes, celles qui impliquent les professionnels à travers le tutorat doivent être particulièrement privilégiées. Les technocrates aiment l'expression «transfert d'expérience», je préfère le mot de «transmission». S'il existe une piste à exploiter dans tout l'arsenal législatif dont notre administration a le secret, c'est bien celle du «permis de former» spécifique aux hôtels, cafés et restaurants qui existe depuis 2013. Ce permis concerne tous les professionnels, patrons ou salariés, qui souhaitent encadrer un étudiant en contrat de professionnalisation ou d'apprentissage. Pour ce faire, il faut suivre une formation initiale qui comprend un module d'une durée de quatorze heures et une mise à jour de quatre heures tous les trois ans. Cependant, le tuteur peut être dispensé de cette formation s'il a déjà encadré un autre alternant depuis moins de cinq ans avant la date de signature du contrat en alternance et s'il a suivi une formation de tuteur ou de maître d'apprentissage.

Je suis convaincu de l'efficacité de ce système où l'apprenti est très encadré et, comme dans tout apprentissage, confronté à la réalité concrète d'un métier, d'un univers dans lequel il va évoluer et, il faut le souhaiter, progresser. C'est tout le sens de la transmission du savoir et des compétences. N'est-ce pas le meilleur moyen d'impliquer chaque acteur dans les valeurs que l'on souhaite donner de notre profession avec cette volonté affichée d'offrir un service de qualité ? C'est tout le sens, d'ailleurs, du livre blanc commandé par plusieurs ministères[1], en 2009, au chef étoilé Régis Marcon sur le

---

1. *« L'Alternance dans la restauration, avançons ensemble ». Rapport remis en février 2010 au ministère du Travail, de l'Emploi et de la Santé, à celui de l'Éducation nationale, de la Jeunesse et de la Vie associative, de l'Apprentissage et de la Formation professionnelle et au secrétariat d'État en charge du Commerce, de l'Artisanat, des PME, du Tourisme, des Services, des Professions libérales et de la Consommation. http ://travail-emploi.gouv.fr/IMG/pdf/Livre_blanc_de_Regis_MARCON__L_alternance_dans_la_restauration.pdf*

développement de l'alternance dans la restauration. Voici ce qu'il écrivait et qui reste plus que jamais d'actualité :

« Le développement de la formation en hôtellerie restauration passera obligatoirement par une politique de qualité partagée par tous les acteurs de la formation et par une implication plus forte des professionnels. L'optimisme est de mise car, sur le terrain, toutes les rencontres montrent que la grande majorité des acteurs a envie d'avancer [...] Nous nous devons d'être ambitieux et d'avancer tous ensemble dans cette promotion de la qualité.

Il y a urgence à l'heure où la profession est souvent à la recherche de collaborateurs, manque de nouveaux talents, où souvent, de ce fait, la restauration traditionnelle fait appel aux produits finis et semi-finis, situation dommageable pour l'image de nos cuisines et pour la valorisation des produits de notre territoire.

La formation a son rôle à jouer, en se concentrant sur la formation des gestes de base et en initiant une bonne connaissance des produits, laissant à tous les jeunes formés la liberté de s'épanouir dans tous les types de restauration.

Dans le même temps, il y a urgence à remettre à l'honneur les métiers de service et d'accueil, identifier, valoriser nos futurs talents dans le domaine de la commercialisation.

Tout le monde a son rôle à jouer, y compris les collectivités locales, services bancaires, pour faciliter l'installation de ces jeunes professionnels.

Rappelons que tous nos efforts ne porteront vraiment leurs fruits que si nous pouvons compter sur la mobilisation sans faille des institutionnels, à travers le soutien des ministères de l'Économie, du Tourisme et du Travail, de l'Apprentissage mais aussi de l'Éducation nationale, les Régions, les collectivités locales… J'y vois une des principales conditions de la réussite de toutes nos actions. »

Malheureusement, les modifications décidées en 2012 ont provoqué un recul significatif de l'apprentissage. L'exemple aux Sources de Caudalie est éloquent : notre plan de formation a été diminué par trois et demi. Pourtant, c'est ainsi que notre avenir doit se conjuguer et se construire. C'est une évidence. À telle enseigne que d'autres chefs prestigieux se sont engagés sur le même chemin.

L'exemple du chef Thierry Marx

La démarche du chef étoilé Thierry Marx – popularisé par l'émission *Top Chef* – illustre tout ce que notre profession, souvent mal jugée et souvent délaissée par les jeunes, peut offrir de mieux. C'est ce type même d'initiative privée qui nous permet de croire que l'avenir n'est pas totalement bouché, que le tourisme et tout ce qu'il génère d'activités et de dynamisme est bien la promesse d'une embellie pour notre pays.

Thierry Marx a mis sa notoriété et sa réussite au service des laissés-pour-compte de l'éducation ou de la formation professionnelle. De tous ceux, jeunes pour la plupart, à la recherche d'une reconversion ou en réinsertion (après un passage par la case prison) parfois et pour qui le marché du travail est un labyrinthe sans issue. Objectif : leur offrir une nouvelle chance en leur rendant accessibles les métiers de la cuisine.

Tout a démarré en 2012. Thierry Marx estime que « deux ans de formation pour ce public, c'était trop long. Il fallait donc concevoir un programme adapté qui permette de décrocher un emploi immédiatement après mais sans cacher la réalité d'un métier qui, s'il offre de nombreux débouchés, n'en reste pas moins difficile. » La formation s'étale sur douze semaines en alternance, dont deux semaines de stage en entreprise. Les cours de cuisine ou de boulangerie sont délivrés gratuitement dans une école située dans le XXe arrondissement de Paris. Certains cours sont également dispensés à l'intérieur même de la prison de Poissy.

La fin de cette formation expresse est sanctionnée par un Contrat de qualification professionnelle (CQP). À mi-parcours, un responsable d'Adecco – une agence d'intérim partenaire du projet depuis l'origine – s'entretient avec chaque stagiaire et l'interroge sur ses choix professionnels. De même, le cabinet de recrutement Cuisine mode d'emploi(s), lui aussi partenaire du projet depuis le début, participe à la sélection afin d'aiguiller les élèves. «Le retour à l'emploi est quasi immédiat, se réjouit Thierry Marx. Nous avons un taux de retour de 90 % avec des CDI!» Enthousiasmé par ces résultats plus qu'encourageants, il réclame que l'on fasse de la formation professionnelle une grande cause nationale. Qu'attend-on? Qu'attend-on pour envoyer des professionnels de l'hôtellerie et de la restauration dans les collèges et les lycées pour sensibiliser élèves et parents d'élèves, et surtout convaincre que l'avenir, dans notre secteur, est plus souriant qu'ailleurs?

Comme le rappelle Régis Marcon dans son livre blanc, «Chaque année, quelque 180 000 élèves sortent du système scolaire sans aucun diplôme en poche, 180 000 "décrocheurs" en quête d'orientation et pour qui les métiers de la restauration peuvent constituer d'extraordinaires vecteurs d'intégration. Il s'agit donc de repérer ces publics, de les informer sur les métiers de la restauration et de faciliter leur réorientation professionnelle et leur formation.»

C'est l'autre enjeu qui nous attend. Car ce n'est pas tout de former, encore faut-il recruter, attirer des candidats, parmi lesquels se trouvent ces décrocheurs, ces oubliés de l'Éducation nationale.

Nos métiers souffrent d'une mauvaise image : conditions de travail souvent contraignantes – notamment au niveau des horaires –, taille des entreprises – souvent des TPE qui peuvent difficilement proposer une perspective d'évolution professionnelle, voire de stabilité –, saisonnalité des emplois synonyme de précarité, rémunérations faibles et peu encadrées… Conséquence, les candidatures sont encore trop peu nombreuses. Notre secteur doit donc poursuivre ses efforts pour identifier et mieux faire connaître les parcours professionnels qu'il offre et les compétences qu'il requiert. C'est notre prochain défi, probablement le plus grand auquel nous sommes confrontés.

Oser le haut de gamme

De grâce, ne confondons pas le haut de gamme et le luxe outrancier, le tape-à-l'œil. Ce sont deux mondes aussi étrangers l'un à l'autre que peuvent l'être la Terre et la planète Mars. C'est un fait, les consommateurs privilégient de plus en plus le confort en matière d'hébergement et orientent leurs choix vers les hôtels milieu ou haut de gamme. Les chiffres sont éloquents : +27 % de fréquentation en 2011 dans les quatre et cinq étoiles, +7 % pour les trois étoiles. De même, dans les campings, l'attrait pour les emplacements les mieux équipés se confirme année après année au détriment des emplacements nus.

Ce souci de qualité exprimé par les consommateurs, touristes ou voyageurs d'affaires, se traduit par le développement de chaînes hôtelières aux normes standardisées. Leur taux d'occupation est désormais supérieur à celui des hôtels indépendants : un peu plus de 65 % contre 56 %.

Les attentes de confort et de service sont encore plus fortes chez les clients étrangers dont les critères de satisfaction se portent systématiquement sur les trois points suivants :

– qualité de service,
– niveau de confort,
– compétences linguistiques des personnels.

Malheureusement, la première à souffrir de cette tendance est la petite hôtellerie (moins de 25 chambres) où un établissement sur deux est dans une situation de forte précarité. Les raisons en sont facilement identifiables : taux d'occupation faibles (50 % par an pour 40 % des hôtels), saisonnalité trop prononcée (à quoi s'ajoute l'absence d'une clientèle d'affaires susceptible d'équilibrer l'activité), prix des chambres trop bas, difficultés de gestion des personnels, faiblesse des outils informatiques et des moyens promotionnels, travaux de modernisation insuffisants et complexité des mises aux normes[1].

L'avenir pour la petite hôtellerie passe-t-il par le haut de gamme ? Probablement, mais c'est une mutation difficile à effectuer car les fonds propres sont souvent limités. Il existe bien des aides publiques, régionales et départementales, destinées à la petite hôtellerie, mais est-il souhaitable de subventionner des entreprises privées à longueur de temps ? Je ne le pense pas, surtout en période de restrictions budgétaires. Les deniers publics ne sont pas là pour permettre aux maires en mal d'inspiration de conserver une activité dans leurs communes. En outre, la moyenne des aides est souvent plafonnée à 25 % du montant des investissements de l'hôtelier qui devra donc systématiquement trouver ailleurs les 75 % manquants. Les banques ? Elles rechignent à investir dans ce secteur. Le fonds d'aide de l'hôtellerie ? Il n'est accessible qu'aux hôtels sélectionnés. Les hôteliers n'ont alors d'autre choix que le système D : un personnel polyvalent, des employés peu qualifiés, des patrons proches du *burn out*, des salaires flirtant avec le Smic, des rénovations ou des réparations de fortune. Certains s'en sortent en choisissant

---

1. *Enquête réalisée par le Comité pour la modernisation de l'hôtellerie française.*

des thématiques fortes en misant sur des demeures de caractère ou de beaux châteaux pour séduire une clientèle de niche. Mais la viabilité économique est rarement au rendez-vous. Seule solution, le plus souvent : vendre son hôtel à une enseigne ou s'y affilier dans le meilleur des cas.

Il existe peut-être une solution pour éviter aux zones rurales, où se concentre cette petite hôtellerie en danger, de devenir des déserts. Si l'on doit réfléchir en terme d'aménagement du territoire, pourquoi ne pas créer un fonds d'investissement mi-public mi-privé, qui offrirait, par exemple, à un couple de professionnels de prendre la gérance d'un établissement avec option d'achat au bout de sept ans (soit la durée de l'amortissement)? Cela permettrait aux « cafés » et autres « relais » de nos villages de trouver une seconde vie et à des jeunes gens talentueux de se mettre à leur compte. Ce n'est pas par hasard que j'emploie cet adjectif de talentueux, car cette piste ne peut s'imaginer autrement que dans une démarche de qualité qui seule pourra attirer des clients, tant il est vrai que le marché du tourisme haut de gamme se distingue par son dynamisme.

Il faut aller chercher l'argent là où il se trouve. À nous de capter cette riche clientèle et présente un peu partout sur la planète. À nous de la guider vers la France, en offrant tout ce que notre pays a d'unique, tant sur le plan gastronomique que culturel ou géographique. Et pourquoi n'aurait-on pas l'ambition de faire redécouvrir aux Français leur campagne plutôt qu'un week-end à Lisbonne ou Budapest?

En juin 2015, un fonds d'investissement hôtelier a été créé par la Caisse des dépôts pour permettre aux hôteliers d'emprunter et de moderniser l'offre hôtelière principalement en région. Pierre-René Lemas, directeur général de la Caisse des dépôts, supervise directement ce fonds qui pourra aussi compter sur le relais de BPI France, la Banque publique d'investissement. On mesure donc qu'au plus haut sommet de l'État on a pris conscience du retard accusé par notre offre et l'on doit se féliciter que des solutions pragmatiques soient mises en œuvre dans un délaiss court par nos responsables politiques.

Si le tourisme a besoin d'opérateurs de masse, il doit aussi s'appuyer – et de plus en plus – sur cette démarche artisanale pour séduire une clientèle sinon fortunée du moins plus aisée – « moyenne haut de gamme » pour employer notre jargon –, prête à dépenser plus pour un séjour différent, voire sur mesure, où se mêlent le plaisir, le bien-être, la découverte et le sentiment de voyager autrement, d'être un touriste différent, ce qui, pour certains, peut être la définition même du luxe. Prenons l'exemple de cette micro entreprise D'aventure &

Co qui propose des voyages à la carte. « Ma vision du luxe est extrêmement atypique, explique sa directrice générale Corinne Martin. Je suis très loin des palaces et des yachts. Par exemple, manger un plateau de fruits de mer sur une dune, c'est du luxe. Quand il apparaît facilement, le luxe n'est plus du luxe. Les voyages à la carte sont conçus comme de véritables films. Il y a une histoire avec un début, un milieu et une fin[1]. »

À notre tour, proposons aux touristes étrangers le même type de voyages à la carte « conçus comme de véritables histoires », mais sur notre sol, autour de l'art de vivre par exemple. C'est ce que nous faisons aux Sources de Caudalie et dans tous nos hôtels autour du vin et de la vigne. C'est ainsi que nous séduirons ces touristes exigeants en leur offrant cette image de la France dont ils rêvent. Comme le dit fort justement Hervé Rémaud, professeur à la Business school de Bordeaux et spécialiste du marketing du vin, « On ne vend plus uniquement un produit, on vend également des services associés, une atmosphère. » La chaîne Relais & Châteaux qui valorise l'art de vivre à la française depuis plus de soixante ans ne s'y est pas trompée en créant les « routes du bonheur ». En proposant vingt-deux itinéraires autour de thématiques régionales et ciblées, la « plus belle chaîne du

---

1. *In Le NouvelEconomiste.fr*

monde » présente ses maisons membres par le biais d'une histoire, d'une tradition ou d'une géographie extraordinaire.

Voyageur versus Touriste

En faisant le choix d'un positionnement haut de gamme, nous bénéficierons d'une tendance forte sur ce segment. Les consommateurs les plus haut de gamme sont à la recherche de l'unicité de l'expérience. Ces « travellers » se différencient des traditionnels « tourists » en cela qu'ils souhaitent en premier lieu être immergés dans un vécu authentique et local. Ils fuient les séjours minutés et les programmes de groupes mis en œuvre par les tours opérateurs. Si la France a une difficulté ? Elle regorge d'une trop grande richesse dans l'offre touristique ? Les côtes bretonnes n'ont rien à voir avec le littoral méditerranéen, le Massif central avec les Alpes ! Mais cette richesse est une opportunité immense à l'heure où les voyageurs vont se tourner vers cette authenticité de la destination. Alors qu'il faut simplifier la lecture de notre offre, il faut valoriser l'expression de nos territoires et des activités propres à chaque zone touristique. Une autre très bonne nouvelle, le très puissant réseau American Express explique que 80 % de ses clients les plus aisés veulent cette expérience « locale » en Europe. Notre vieux continent est toujours attractif et c'est une chance pour notre économie touristique.

Le tourisme et sa logique « durable »

Qu'est-ce que le « tourisme durable » ? Généralement, cette expression – à rapprocher de celle de « développement durable » – décrit toutes les formes de tourisme qui respectent, préservent et mettent durablement en valeur les ressources naturelles, culturelles et sociales d'un territoire. Pour l'Organisation mondiale du tourisme (OMT) le « développement touristique durable satisfait les besoins actuels des touristes et des régions d'accueil, tout en protégeant et en améliorant les perspectives pour l'avenir. Il est vu comme menant à la gestion de toutes les ressources, de telle sorte que les besoins économiques, sociaux et esthétiques puissent être satisfaits tout en maintenant l'intégrité culturelle, les processus écologiques essentiels, la diversité biologique et les systèmes vivants. » De son côté, l'Europe s'est arrêtée sur cette autre définition : « Le tourisme durable cherche à concilier les objectifs économiques du développement touristique avec le maintien de la base de ressources indispensables à son existence. Plus précisément, il s'agit d'un tourisme qui assure un développement économique inscrit durablement dans le long terme, à la fois respectueux des ressources environnementales et socioculturelles et respectueux des hommes, visiteurs, salariés du secteur et populations d'accueil. »

Cette notion de tourisme durable évoque immanquablement ce qu'il est convenu d'appeler les pays du Sud, les pays en voie de développement. Pourtant, le tourisme durable est transposable – et c'est souhaitable – en Europe et plus particulièrement en France. Il est même déjà une réalité si l'on s'en tient aux définitions qu'en donnent l'OMT et les Européens. Prenons l'exemple de la chaîne Hôtels & Patrimoine qui fait revivre, dans la logique des *paradores* espagnols ou des *pousadas* portugaises, des monuments historiques tels que l'abbaye de Sorèze, dans le Tarn, l'abbaye de Saint-Savin dans la Vienne ou encore le château fort de Sedan, dans les Ardennes. Ces bâtiments appartenant à notre patrimoine étaient à l'abandon et risquaient un jour ou l'autre de finir en ruines. Les vouer à l'hôtellerie et à la restauration a permis de les sauver grâce à une convention signée, en 2009, entre le ministère de la Culture et le secrétariat d'État au Tourisme pour promouvoir une exploitation « économique, raisonnable et respectueuse du patrimoine historique national ».

Le directeur général du groupe Hôtels & Patrimoine, Olivier Gourio, reconnaît qu'il n'aurait pu se lancer seul dans cette aventure sans un partenariat public-privé. De même, les collectivités locales n'auraient pu restaurer à elles seules ces monuments historiques. Des collectivités qui restent propriétaires des murs alors que l'opérateur se propose de louer ces bâtiments et de les exploiter. Côté investissement, notamment les travaux de rénovation, le groupe d'Olivier Gourio a dû débourser 500 000 euros. Aujourd'hui, les trois adresses, Sorèze, Saint-Savin et Sedan ont trouvé leur place au sein de la chaîne Châteaux & Hôtels Collection d'Alain Ducasse et le chiffre d'affaires est d'environ 5 millions d'euros.

Souvenons-nous de cette « nécessité » de raconter une histoire avec un début, un milieu et une fin pour voyager autrement, pour offrir au touriste ce sentiment d'être différent, de découvrir un pays ou une région d'une manière originale et moins passive. Mais, d'évidence, il faut une situation géographique attrayante, des endroits où il y a beaucoup de patrimoine. C'est le cas de Sedan, ville historique où l'armée française, en 1870, a connu une cuisante défaite et qui aura pour conséquence la chute du Second Empire. En outre, la ville n'est pas loin de Verdun et n'est qu'à une heure de route de Reims et des caves de Champagne. Quant au château fort lui-même, avec ses 35 000 mètres carrés, il est le plus grand d'Europe et comptabilise quelque 60 000 visiteurs, ce qui en fait le lieu payant le plus visité des Ardennes. Cinquante-quatre chambres y ont été installées sur quatre étages, et les prix, pour un quatre étoiles, y sont attractifs. Olivier Gourio explique qu'ils ne seront jamais élevés, que ce soit à

Sedan ou dans les autres établissements du groupe, « car le but est que ces édifices soient accessibles au plus grand nombre. Ainsi, à Sedan, nous sommes à 92 euros de prix moyen et le RevPar (revenu par chambre disponible, principal indicateur du secteur) s'élève à 72 euros ». Côté emploi, pour le seul hôtel de Sedan, le groupe annonce 121 salariés auxquels s'ajoutent les emplois induits, ce qui n'est pas négligeable dans une ville de moins de 20 000 habitants.

Avec les 36 000 châteaux que compte la France, les perspectives de développement sont encourageantes. L'objectif du groupe Hôtels & Patrimoine est d'atteindre dix unités d'ici à 2020.

Retrouver nos fondamentaux

Les Français restent des amateurs de bonne bouffe, de produits locaux et de bonne qualité ! C'est un sondage publié par *La Dépêche du Midi* qui l'affirme[1]. Mieux, les Français ne sont pas adeptes des fast-foods et leur préfèrent les restaurants. Ils sont 33 % à aller au restaurant au moins une fois par mois contre 19 % en restauration rapide. À l'inverse, souligne le quotidien, 26 % des Français ne vont jamais dans un fast-food contre 9 % pour les restaurants. De plus, les Français

---

1. *Enquête BVA réalisée les 20 et 21 janvier 2015.*

n'aiment pas seulement manger, ils aiment aussi cuisiner (sept sur dix). Une passion, révèle ce sondage, que confirme la fréquentation grandissante des cours de cuisine. Et ce sont les plus jeunes qui se mettent aux fourneaux : 71 % des 18-34 ans contre 64 % des 65 ans et plus. Et la cuisine séduit presque autant les hommes que les femmes : 62 % contre 73 %.

Ce sondage est une promesse d'avenir, l'assurance que l'art de vivre à la française n'est pas une notion vague, que notre identité profonde vit encore. C'est exactement ce que nous devons offrir aux touristes étrangers visitant notre pays car nous sommes les seuls à pouvoir offrir ce *french way of life*, de même qu'un éleveur texan est le seul à pouvoir offrir une journée dans son ranch au milieu des *longhorns* à un touriste curieux de se glisser dans la peau d'un *cowboy*, soucieux de vivre autrement l'authenticité et une image conforme, ou presque, à celle qu'il attendait.

Défendre notre identité – ce qui ne signifie pas se transformer en village gaulois mais bien au contraire réaffirmer nos spécificités dans un monde qui tend à s'uniformiser – c'est aussi lutter contre la malbouffe et l'impérieuse nécessité de renouer avec une cuisine, et donc une restauration, capables de réhabiliter des produits frais et de qualité par opposition à ceux que propose la plupart du temps la grande distribution.

Ainsi, je suis convaincu qu'acheter est un choix citoyen. Répartir son budget en privilégiant la qualité à la quantité, le terroir qui aura fait travailler un artisan, un agriculteur, un éleveur qui perpétue une tradition et qui préserve nos paysages. Et cela fait du bien aux papilles, à l'être et au pays. C'est à la fois un geste de plaisir et un acte patriotique. Nous n'avons aucune obligation d'acheter à bas prix des produits de « faux luxe ». Nous ne sommes pas obligés non plus de surconsommer. Les Français, même modestes, peuvent encore se faire plaisir et bien se nourrir chez eux pour un budget tenu avec des produits délicieux. Plutôt que d'acheter un morceau de foie gras à cinq ou six euros dans une grande surface, ils peuvent aller chez un artisan charcutier de quartier acheter une terrine de campagne maison. Ils auront payé beaucoup moins cher et seront beaucoup plus heureux sur le plan du gustatif qu'avec un foie gras industriel. En outre, ils auront fait du bien à la France en faisant travailler un artisan qui aura utilisé des produits sains provenant d'un producteur français.

En tant que consommateur, le citoyen a une part de responsabilité et peut décider de répartir son budget de consommation différemment dès lors qu'il a pris conscience que nourrir la grande distribution, c'est vouer le pays à la disparition. À force de saper toutes les formes de l'économie artisanale, à force de détourner sa clientèle vers le toujours moins cher, ce patrimoine va finir par mourir. Les Français seront un jour contraints à n'avoir que des enseignes de grande distribution à la place de nos anciens commerces de proximité. Les États-Unis ont, dans ce domaine, créé une société où se nourrir sainement et de façon équilibrée est réservé à une élite. Nous avons la chance de pouvoir éviter cela. Nous sommes en France, dans une société à visage humain qui entend le demeurer. En ce sens, l'instant de table est fondateur de notre système social et de notre humanité. Être un pays de tradition agricole représente ici une chance. Celle d'avoir ce goût que d'autres sociétés ne connaissent pas forcément et qui n'est pas lié au statut social.

Ce sont bien cette « société à visage humain » et cet « instant de table fondateur de notre système social » que nous devons défendre. C'est la définition même de ce tourisme durable, ce tourisme « haut de gamme » que j'entends promouvoir et qui, je l'espère, nous engagera sur le chemin d'une « agriculture raisonnée ».

L'agriculture raisonnée, un luxe suprême

Au début du XXe siècle, les agriculteurs représentaient la moitié de la population. Aujourd'hui, ils n'en représentent plus que 2 % ! C'est dire la mutation qu'a subie notre société. Au total, 500 000 agriculteurs sont censés nourrir plus de soixante millions de Français. La terre ne peut donner que ce qu'elle a. Pour faire face à cette demande monstrueuse, les agriculteurs n'ont d'autre choix que de s'industrialiser, de développer une agriculture intensive, de faire rendre gorge à une terre qui n'en peut plus et s'appauvrit saison après saison. Cela ne pourra pas durer très longtemps. Un jour, peut-être pas si lointain, elle ne donnera plus rien ou trop peu. Il est donc temps d'agir autrement.

Quand on évoque cette notion d'agriculture raisonnée on pense immédiatement à une agriculture qui prend en compte la protection de l'environnement, la santé et le bien-être animal. C'est le cas. Mais l'idée première est bien celle qui consiste d'abord à produire des fruits, des légumes et de la viande de qualité – par opposition à la notion de quantité – débarrassés de pesticides et autres engrais chimiques ou, en ce qui concerne la viande, de je ne sais quels antibiotiques.

En outre, une agriculture raisonnée peut être aussi une agriculture de proximité. Des chefs, toujours soucieux de travailler des produits de qualité et de saison, s'en préoccupent déjà depuis de nombreuses années. Le potager des délices d'Alain Passard, le chef et propriétaire de L'Arpège, en est l'un des exemples.

Il y a quinze ans, ce chef trois étoiles qu'on ne présente plus s'est engagé dans cette aventure pour proposer des produits sains et de saison. « Je veux faire du légume un grand cru, dit Alain Passard. Je pense que dans quelques années on parlera de la carotte comme on parle du chardonnay et du sauvignon. »

L'aventure a commencé dans la Sarthe, au domaine du Gros Chesnay qui produit 25 tonnes de légumes par an. Aujourd'hui, cinq jardiniers veillent sur les trois hectares de culture où poussent 500 variétés de légumes – des betteraves au potimarron en passant par les carottes et 80 variétés de tomates. Une diversité qui se retrouve évidemment dans les assiettes des clients de l'Arpège : salade Arlequin, gratin d'oignons doux des Cévennes ou tarte aux pommes bouquet de roses…

Les légumes cuisinés pour les clients sont donc de qualité et d'une grande fraîcheur, cueillis au meilleur de leur maturité et cultivés selon les principes de l'agriculture raisonnée, c'est-à-dire sans pesticide ni engrais chimiques. Alain Passard dispose de trois potagers et fournit d'autres restaurants qui ont compris tout l'intérêt qu'il y avait à proposer ce type de produits. Et comme les bonnes idées n'ont pas d'âge mais seulement de l'avenir, d'autres se sont lancés dans la même aventure, comprenant tous les avantages qu'ils pouvaient en tirer. C'est le cas de Xavier Isabal, chef et propriétaire de l'hôtel restaurant familial Ithurria – une étoile au guide Michelin – dans le village d'Ainhoa, au Pays Basque. Lui aussi possède non seulement un potager de 2 000 mètres carrés, mais également des poules et des ruches. Et que dit-il ? Que « le luxe suprême, ce n'est pas le caviar mais le fruit et le légume frais. Le caviar, on peut en manger sur toute la planète, alors que le légume frais, c'est moins facile. Quand je vais chercher mes figues, juste avant le service, les clients m'en redemandent. C'est ça, le luxe suprême[1] ». Il ajoute que le potager peut être un outil de communication de choix, mais aussi d'enseignement : « Les gens peuvent visiter l'herbier, le potager et le verger. Parfois, je fais ramasser aux clients les œufs. » Idem chez Alain Passard où les gens lui parlent beaucoup, à lui et à son équipe, des saisons et des origines des produits. « Ils sont très concernés, dit-il. Moi, ce que j'aime, c'est leur faire comprendre qu'il y a des saisons et qu'il faut les respecter. »

Autre exemple, et pas des moindres, celui d'Asafumi Yamashita pour lequel la presse ne tarit pas d'éloges : le « maître maraîcher des Yvelines », le « maraîcher haute couture », le « maraîcher des étoiles » ou encore « l'homme qui murmure à l'oreille des légumes »... La France l'a découvert – ou plutôt ses navets – lors de l'émission *Top Chef*, en 2014. Ce Japonais tombé amoureux de la France il y a plus de vingt ans a installé son potager de 3 000 mètres carrés dans les Yvelines. Il n'y cultive pas de légumes anciens – ils ont, selon lui, des raisons d'être oubliés – mais des légumes qu'il fait pousser comme des « prototypes » en appliquant la mystérieuse « méthode Yamashita ». Si certains de ses légumes portent des noms connus sous nos latitudes – carottes, tomates, aubergines... –,

---

1. *In L'Express.fr du 03/10/2014.*

d'autres laissent entrevoir leurs origines extrême-orientales : ail des éléphants, edamame (fèves de soja), kabu (navet), daïkon (radis) ou wasabina (salade de wasabi)… En tout, une cinquantaine de variétés qui poussent, là encore, selon les méthodes de l'agriculture raisonnée. Yamashita aurait pu faire sourire mais de grands chefs, tous étoilés, auxquels il livre ses produits deux fois par semaine, le prennent toujours très au sérieux : Pierre Gagnaire, Anne-Sophie Pic, Pascal Barbot (L'Astrance), William Ledeuil (Ze Kitchen Galerie), Sylvain Sendra (Itinéraires) ou encore Laurent Delarbre (La Tour d'Argent).

Rançon du succès et surtout volonté de faire partager sa passion au plus grand nombre, Asafumi Yamashita a ouvert une table d'hôte où chaque week-end chacun peut venir déguster ses légumes trois étoiles. Et la table des époux Yamashita – c'est Madame qui est aux fourneaux – ne désemplit pas. Preuve s'il en fut que la qualité séduit les consommateurs. Et plus précisément le consommateur/touriste de plus en plus sensible à ce qu'il a dans son assiette. On pourrait même affirmer que les scandales alimentaires à répétition – de la vache folle aux tartelettes Ikea aux matières fécales en passant par la viande de cheval vendue à la place de la viande de bœuf ou le saumon pollué par les pesticides – ont réveillé les consciences.

Aujourd'hui, le haut de gamme, le « luxe », c'est l'assurance de ne pas s'empoisonner avec du goût !

Dans le même état d'esprit, les pouvoirs publics mais aussi les hôteliers et les restaurateurs devraient communiquer beaucoup plus qu'ils ne le font sur le « locavore[1] », ce mouvement qui prône la consommation de nourriture produite dans un rayon allant de 100 à 250 kilomètres maximum autour de son domicile. Il encourage les consommateurs à acheter des produits frais et de saison, à acheter sur les marchés et/ou aux agriculteurs ou paysans locaux, par exemple dans les AMAP (Association pour le maintien d'une agriculture paysanne) qui sont des points de distribution. On s'en doute, le « locavorisme » se veut respectueux de l'environnement et défend la diversité des paysages, des écosystèmes en évitant les monocultures. Certains hôtels se sont engouffrés avec bonheur dans cette voie. C'est le cas de la chaîne américaine Starwood qui propose au moins une entrée, un plat et un dessert composés à partir de produits cultivés ou élevés dans un rayon de 200 kilomètres autour de la capitale[2].

Et si la France, demain, devenait le pays où la nourriture est la plus saine du monde ? Où l'on ne s'empoisonne pas en mangeant de la viande, du poisson, des légumes ou des fruits ? Si la France retrouvait tout simplement son statut de pays où il fait bon vivre ? Du pays

1. *http ://locavores.fr*

2. *Pour connaître les détails de leur démarche : www.100local.fr*

de la bonne bouffe, de la bonne chère – qu'il s'agisse de la cuisine de tous les jours ou celle des chefs étoilés – en plus d'être celui des beaux paysages, de l'art, de la culture et de l'Histoire ? Qui d'autre dans le monde pourrait rivaliser avec nous ? Voilà en quoi réside le pari du tourisme durable. Voilà comment doit se conjuguer l'avenir. Et puis, contrairement à l'industrie lourde, celle du tourisme, et plus particulièrement du tourisme durable, ne fait courir aucun risque à l'écosystème. Le secrétaire d'État au Tourisme Matthias Fekl parle de « diplomatie des terroirs » quand il défend les intérêts de la France et de l'Europe dans le projet de traité de libre-échange transatlantique. Je crois très juste, non seulement de ne pas abandonner cette identité de « terroir », mais en plus de la valoriser et de s'en servir comme d'un instrument de valorisation et de promotion face aux grandes puissances comme les États-Unis mais aussi la Chine.

Une nécessaire révolution numérique

Tout le monde connaît cette expression : savoir-faire et faire savoir. Que vaut l'un sans l'autre ? C'est une chose de cultiver ses légumes dans son potager et d'en faire des plats uniques, de restaurer des vieilles pierres et d'y installer des hôtels de charme ou de classe internationale, d'avoir des caves remplies des plus grands vins du monde, des régions pétries par l'Histoire avec un grand H, mais c'en est une autre que de le faire savoir à l'étranger, d'aller convaincre des milliers de visiteurs potentiels que leur prochaine destination est la France et qu'ils en garderont un souvenir impérissable. Ce travail de communication est une tâche quotidienne mais elle n'est pas du seul ressort d'un tour opérateur ou d'un hôtelier, même s'il doit évidemment s'y plier. Il faut aller au-delà. Il faut que ce travail facilité par l'existence d'Internet soit aussi et surtout celui d'un État, en l'occurrence la France. La France qui doit « se promouvoir *online* avec une réelle stratégie digitale » ainsi que le suggère l'Institut Montaigne dont je me permets ici de reprendre quelques propositions qui me paraissent judicieuses[1] :

«— Harmoniser la structure et le contenu des sites internet (nationaux, régionaux, ambassades, etc.) qui sont aujourd'hui de qualité diverse et non adaptés aux différents segments.

— Modifier le nom des sites nationaux pour viser un intitulé compréhensible par le plus grand nombre (par exemple visitfrance.com).

— Créer des sites pour les marques ombrelles[2], référant ensuite aux marques régionales.

---

1. *Rapport de juin 2014 : « Rester le leader mondial du tourisme, un enjeu vital pour la France. »*

2. *Marques ombrelles à fortes notoriétés, notamment pour les clientèles lointaines : Paris, French Riviera, French Alps & Mont Blanc, Bordeaux & the Wine regions, Normandy, Loire Valley, etc.*

— Renforcer la visibilité des offres phares du territoire et simplifier l'accès à l'information.

— Renforcer le contenu et les images, via notamment une cartographie des données plus détaillée.

— Ajouter des langues sur des sites ciblés (notamment le chinois et le russe, mais également les langues européennes).

— Développer un trieur d'offres par « envies », comme sur le site discoverusa.com

— Travailler sur le contenu des marques et des sites associés en l'adaptant aux attentes des étrangers et aux inhibiteurs et stéréotypes qui seraient développés par les différents segments de touristes ciblés.

— Travailler sur le référencement online (mots clés, contenus) : il est aujourd'hui à noter qu'un touriste potentiel cherchant "visit+France" ou "travel+France" dans un moteur de recherche se retrouve redirigé vers des tours opérateurs ou vers des guides touristiques commerciaux.

— Animer la présence sur les réseaux sociaux de manière proactive, par exemple en organisant une veille sur les principaux sites de User Generated Content *(contenu généré par les utilisateurs) pour communiquer en direct avec les visiteurs mécontents, comme le font aujourd'hui nombre d'entreprises, et confier cette responsabilité à une agence nationale, dotée de moyens et de compétences adaptés. »*

Envisager l'avenir sans aborder ce point crucial du développement numérique aurait été une erreur.

Partir à la « conquête du monde » sans cette arme-là reviendrait à vouloir traverser l'Atlantique Nord avec des rames… Même si certains l'ont fait, mieux vaut tout de même des voiles ou un moteur. Cela prend moins de temps et on est moins gêné par les courants contraires.

Enfin, profitons de ce formidable outil numérique pour mettre en relation producteurs raisonnés et restaurateurs responsables. C'est ce que proposent déjà certaines applications comme « Baladovore »[1].

Dans un souci de simplification…

Il y a quelques mois, à la demande du secrétariat au Tourisme, j'avais rédigé dix propositions pour moderniser notre secteur afin qu'il affronte ce troisième millénaire en mettant toutes les chances de son côté. Et le mot « moderniser » n'est pas un vain mot. À bien des égards, on l'a vu, notre « industrie » cumule les handicaps. Il est temps qu'à ces handicaps nous substituions des atouts. En voici un résumé :

1. Baisser les charges. Le CICE (Crédit d'impôt pour la compétitivité et l'emploi) a eu un effet nul, si ce n'est un décalage d'un an en trésorerie en

---

1. *www.baladovore.com*

défaveur des entreprises, avec le doublement de la TVA dans le secteur de l'hôtellerie et de la restauration. Si le travail est trop cher pour l'employeur, il faut aussi et surtout faire en sorte que les jeunes gens de ce métier qui travaillent dur gagnent davantage. Ils ne mesurent pas la différence entre salaire indirect et salaire direct. Il faut donc baisser les cotisations et les charges en offrant le choix aux gens entre un système de retraite par capitalisation ou par répartition.

2. Libérer les entreprises en supprimant les seuils sociaux permettant à certaines PME de grandir. Il n'y a pas de risque à nous laisser plus de liberté puisque notre métier est sous tension. En effet, les salariés ont le choix de leur entreprise. Il faut des ETI (Entreprises de taille intermédiaire) dans notre industrie.

3. Laisser les entreprises fixer/négocier leur temps de travail (jusqu'à 43 h). Les décisions de branches conviennent à des grands groupes hôteliers mais pas aux acteurs indépendants de petite taille. Cela est dû à une organisation archaïque : quinze branches professionnelles et des conventions collectives pour huit métiers (restauration, hôtellerie, management, loisirs et animations, accueil, organisation de voyages, promotion et développement des territoires, métiers connexes comme location de voitures, shopping, parking, etc.) alors que 75 % des emplois sont dans l'hôtellerie/restauration et que le métier d'agent de voyages va disparaître!

4. Renforcer la sécurité. Nous nous confrontons à regret à des agents de voyages au Brésil, en Chine ou aux USA qui reprochent l'insécurité grandissante en France et à Paris. Ils privilégient à l'heure actuelle d'autres destinations.

5. Réformer les taxis. Les taxis parisiens ont une réputation épouvantable à l'étranger. Pourquoi pas un tarif unique sur les trajets entre les aéroports et Paris? D'autant qu'une nouvelle concurrence est née avec les VTC changeant la donne pour les taxis : meilleur service, moyen de paiement moderne.

6. Encourager, valoriser les métiers de service qui sont méprisés en France.

7. Canaliser le para-commercialisme (chambres d'hôtes/gîtes, locations meublées de courte durée, restaurants à domicile) qui n'obéissent pas aux mêmes réglementations et contraintes. Plutôt que de lutter contre ces phénomènes, mieux vaudrait alléger les normes pour les hôteliers/restaurateurs.

8. Modérer les normes PMR (Personnes à mobilité réduite) et privilégier l'incitation plutôt que la sanction.

9. Apporter un support numérique aux petits indépendants comme une plateforme web par région ou appellation où chacun mettrait son contenu et sa « page ».

10. Valoriser les bons cuisiniers et la chaîne « vertueuse » d'approvisionnement comme Locavore.

J'espère avoir démontré tout au long de ces pages que le tourisme mérite mieux que le préjugé qui l'identifie à la fatalité de la désindustrialisation de la France, à cette incapacité que notre pays aurait à se réinventer, laissant croire que son avenir serait de devenir, au mieux, un immense parc d'attraction, au pire une réserve indienne. Quel manque de sagacité, quel manque d'imagination, quelle méconnaissance de la France et de ses ressources ! Il est plus que temps de dépasser cette vision simpliste. Temps de reconquérir nos parts de marché envolées au profit de l'Espagne, l'Italie ou même l'Allemagne.

Le « bond en avant » du pouvoir politique, en 2013, décrétant le tourisme « grande cause nationale » a été une petite révolution. Mieux : une prise de conscience à la mesure du poids que pèse cette « industrie » forte de deux millions d'emplois et premier poste de notre balance des paiements, loin devant l'agroalimentaire, l'aéronautique ou l'automobile. Oui, une industrie que j'aimerais voir devenir une « industrie de pointe ». N'ayons pas peur des mots. Ce n'est pas une utopie. C'est ce qu'elle pourrait devenir si nous nous en donnons la peine.

La France dispose d'atouts exceptionnels pour s'installer durablement sur la plus haute marche du podium : diversité unique au monde de ses paysages, de son climat, de son patrimoine culturel et historique et bien sûr de sa gastronomie. La gastronomie, reflet d'un art de vivre, de notre identité profonde dont nous n'avons pas à rougir et que le monde entier nous envie. Mais un monde où les réputations se défont à la vitesse du web, quasiment à la vitesse de la lumière !

Si nous ne sommes pas capables d'offrir et de transmettre notre « art de vivre à la française », alors nos visiteurs repartiront déçus et le feront savoir. Faut-il préciser que la destination France s'en trouverait largement dévalorisée. D'ailleurs, ne l'est-elle pas déjà quelque peu quand on sait les problèmes d'insécurité auxquels sont confrontés, ou craignent de l'être, les touristes étrangers ? On dit que les Japonais en seraient les premières victimes. Plus précisément victimes du syndrome de Paris[1] à cause de

---

1. *Le terme « syndrome de Paris » se trouve dans un ouvrage paru en 1991 et écrit par le docteur Hiroaki, psychiatre à l'hôpital Sainte-Anne. Il y analyse le trop fort décalage entre l'image que se font les Japonais de la France et la réalité.*

leur vision trop idéalisée de notre capitale, comme le Montparnasse des années folles ou le Paris d'Amélie Poulain. Ils seraient ainsi déstabilisés par le fossé culturel existant entre la France et le Japon, découvrant une ville plus sale et désordonnée que les villes nippones. Vrai ou faux, ce mystérieux « syndrome » avec lequel on ne semble pas plaisanter au pays du soleil levant doit sinon nous faire sourire du moins nous faire prendre conscience de l'image parfois désastreuse que nous donnons de nous-mêmes. Une image que les Japonais ne sont pas les seuls à ramener chez eux.

Nous sommes à la merci du moindre dérapage risquant de ternir notre image, dissuadant les éventuels touristes de venir découvrir la France. Je pense notamment à l'épisode des « zones aux mains des islamistes au cœur de Paris » décrites par un soi-disant journaliste de la chaîne américaine Fox News. Cela m'inspire deux réflexions :

1 / Même si l'information est évidemment fausse et confine au grotesque, elle n'en est pas moins révélatrice de l'image désastreuse que véhicule plus particulièrement notre capitale en terme d'insécurité. Du pain bénit pour nos détracteurs. N'oublions jamais que nous sommes au cœur d'une guerre économique sans merci où tous les coups sont permis. Ne soyons pas naïfs. Ne soyons pas passifs.

2/ *Le Petit Journal* de Canal Plus, qui a révélé l'affaire, a eu l'idée de noyer les boîtes mails des responsables de Fox News de demandes d'excuses. Ce que la chaîne a finalement fait. Ce n'est pas Canal Plus qui aurait dû se charger de cette tâche mais le Quai d'Orsay, à tout le moins le secrétariat d'État chargé du Tourisme. Preuve que le combat se mène aussi à ce niveau-là. Pourquoi ne pas imaginer une sorte de *task force* prête à intervenir à la moindre alerte sur le web, à la moindre tentative de ternir notre image ? Une image de marque qui se dégrade – ou se renforce – dès les premières minutes que passe le touriste étranger sur notre sol. Et bien sûr tout au long de son séjour. Il nous faut impérativement inverser la tendance, battre en brèche cette réputation qu'ont les Français d'être le « peuple le plus inhospitalier du monde » ou qu'ont nos villes d'être parmi les plus sales d'Europe. Bien sûr, ces classements, qui sortent parfois de nulle part, sont caricaturaux. Mais ces défauts, bien qu'outrageusement exagérés, existent. C'est un fait. Et nos détracteurs, nos ennemis économiques, s'empressent de les grossir. À nous de les combattre sur le même terrain et avec les mêmes moyens.

Il me semble qu'il existe une Délégation interministérielle à l'intelligence économique (DIIE) dont ce doit être le rôle. Un rôle de veille et d'alerte. Dans sa présentation, la DIIE explique que « La compétition internationale a changé de nature. Elle n'est plus seulement commerciale et financière, mais porte désormais également sur des éléments immatériels : images, données, normes, systèmes juridiques, concepts de gouvernance, etc. Elle est partout traversée par les changements liés au "numérique". Dans ce contexte, l'intelligence économique doit plus que jamais permettre à notre économie d'anticiper les évolutions internationales complexes, pour être en capacité d'agir sur elles et de ne plus les subir. Il s'agit de créer de la valeur et des emplois par un traitement professionnel de l'information. Ces bonnes pratiques doivent s'entendre en lien étroit avec les politiques européennes. »

Si l'industrie du tourisme ne profite pas encore du savoir-faire de la DIIE, il serait temps d'inverser la tendance !

L'identité d'un pays, son image, est aussi longue à construire qu'elle peut être rapidement écornée voire détruite. Elle est donc extrêmement fragile. Dans notre industrie on a l'habitude de dire qu'il faut dix ans pour faire une réputation et dix jours pour la perdre. Les attentats contre *Charlie Hebdo* et l'épicerie casher de la porte de Vincennes au début du mois de janvier 2015 en sont malheureusement un exemple aussi tragique sur le plan humain – dix-sept personnes assassinées en l'espace de trois jours ! – que catastrophique sur le plan touristique. Si l'on en croit le cabinet d'analyse touristique MKG Hospitality, la chute s'est amorcée dès le vendredi 9 janvier, jour du massacre contre l'hypermarché de la porte de Vincennes. Ainsi, la fréquentation des hôtels a baissé de 9 % entre le 8 et le 18 janvier et s'est amplifiée lors du week-end des 16 et 17 janvier, atteignant -9 % le dimanche. En termes de chiffre d'affaires, la plongée est encore plus spectaculaire : -25 % le dimanche 18 janvier, puis -26 % le lundi suivant !

Certains professionnels pensaient que l'activité allait repartir. Ils se sont trompés. Ils n'avaient pas pris en compte la contestation des caricatures de Mahomet qui s'est répandue dans de nombreux pays où des drapeaux français ont été brûlés. L'impact sur la clientèle arabe, hostile aux caricatures, a été évidemment plus fort alors qu'elle constitue une part importante de la clientèle haut de gamme. Quant aux attentats de la fin de l'année 2015, on estime qu'ils impacteront l'industrie touristique avec une baisse de 50 % de l'activité. Notre industrie a pourtant montré qu'elle était résiliente : une reprise a été observée dans l'année après les attaques terroristes de Paris en 1995, New York en 2001, Madrid en 2004, Londres en 2005.

J'évoque ces événements dramatiques car ils démontrent que les professionnels que nous sommes doivent toujours faire preuve d'une grande réactivité face à l'inattendu, quelle que soit sa nature.

À nous de ne pas décevoir tous ceux, et ils sont nombreux, qui rêvent de venir chez nous à l'heure où des centaines de millions de Chinois, d'Indiens, de Brésiliens, et tant d'autres, découvrent le plaisir de voyager, tout particulièrement vers l'Europe. Malheureusement, nos plus beaux paysages, nos musées les plus prestigieux, nos plus grands hôtels et nos meilleures tables ne suffiront pas à retenir les voyageurs et à les satisfaire. Je l'ai dit, tout commence dès la sortie de l'avion, souvent désastreuse à l'aéroport de Roissy entre des taxis qui ne mesurent pas leur responsabilité et des trains introuvables. Raisons pour lesquelles nos infrastructures de transport doivent être développées, notamment en région parisienne qui ne dispose pas encore d'une liaison directe entre Roissy, Orly et Paris... la ville la plus visitée au monde.

À ce problème des transports on peut ajouter celui des horaires et des jours d'ouvertures des magasins ou encore les prix trop élevés de certains de nos hébergements au regard de leurs prestations. C'est tout cela qui est critiqué, commenté, véhiculé sur le web. Et notre mauvaise réputation n'influence pas seulement les touristes mais aussi les investisseurs – dont nous avons besoin pour financer nos projets – souvent effrayés par la lourdeur et la complexité de nos procédures notamment en matière d'urbanisme.

Répondre aux exigences d'accueil de la clientèle c'est innover, imaginer, créer pour promouvoir et développer un tourisme digne d'être estampillé « label rouge ». Ce tourisme durable dont la France pourrait être le fer de lance.

Ce ne sont pas les acteurs du tourisme qui pourront seuls résoudre tous ces problèmes. C'est aux pouvoirs publics, à l'autorité politique, aux collectivités locales et aux associations de nous épauler, d'être à nos côtés, à la pointe du combat mais sans nous étouffer, en nous laissant une importante marge de manœuvre, reconnaissant par là même notre expérience, notre savoir-faire.

Mais il nous faudra balayer devant notre porte. Car notre réussite dépendra beaucoup de notre capacité à rassembler tous les acteurs du tourisme. Un secteur relativement éclaté avec ses quinze branches professionnelles et des conventions collectives pour huit métiers répartis dans la restauration, l'hôtellerie, le management et les loisirs. L'union faisant la force, c'est ensemble, et non en ordre dispersé, que nous pourrons renforcer les qualifications de nos métiers, surtout dans le domaine du service où nous sommes loin de l'excellence. Il nous faut encore assurer plus de professionnalisme même si un grand nombre de ces métiers ont un caractère saisonnier. Deux millions d'emplois – peut-être plus demain – sont dans la balance.

En conclusion

Ces défis, c'est à nous, professionnels du tourisme, qu'il revient de les relever en ayant présente à l'esprit cette évidence que si l'on ne doit pas tout attendre des pouvoirs publics, on ne peut pas, non plus, travailler sans eux. À chacun son rôle dans le développement et la promotion de notre secteur. Tous, nous avons à y gagner.

Le tourisme est un formidable levier pour la croissance, une chance pour la France.

COMPOSITION DATAMATICS
ACHEVÉ D'IMPRIMER EN FRANCE
PAR FIRMIN-DIDOT LE MESNIL SUR L'ESTRÉE (EURE)
À SAINT-AMAND-MONTROND (CHER)
POUR LE COMPTE DES ÉDITIONS J.-C. LATTÈS
17, RUE JACOB – 75006 PARIS
EN JANVIER 2016

N° d'édition : 01 – N° d'impression :
Dépôt légal : février 2016